石油教材出版基金资助项目

石油高等院校特色规划教材

构造地质学实习指导书

陈书平　余一欣　编著
漆家福　主审

石油工业出版社

内 容 提 要

本教材包括18个实习、6个附录及18张附图，所有实习都是在室内进行的，主要包括阅读和分析地质图、编制地质图、图切地质剖面、编制构造等高线图、编制主应力迹线图等，也包括使用赤平投影网来解决构造地质问题，还包括构造模拟实验。附录部分主要介绍了赤平投影原理、构造相关图件要素的要求等。附图主要是实习所用到的图件，包括地质图、赤平投影网等。

本书为高等院校地矿类（包括地质学、矿产普查与勘探、地质工程等）本科师生使用的教材，也可供从事地矿科研和生产的人员参考。

图书在版编目(CIP)数据

构造地质学实习指导书/陈书平，余一欣编著. —北京：
石油工业出版社，2018.10（2025.6重印）
石油高等院校特色规划教材
ISBN 978-7-5183-2876-5

Ⅰ.①构… Ⅱ.①陈… ②余… Ⅲ.①构造地质学—高等学校—教学参考资料 Ⅳ.①P54

中国版本图书馆CIP数据核字（2018）第205920号

出版发行：石油工业出版社
（北京市朝阳区安定门外安华里2区1号楼 100011）
网　　址：www.petropub.com
编辑部：(010)64251362　图书营销中心：(010)64523633
经　销：全国新华书店
排　版：北京乘设伟业科技有限公司
印　刷：北京中石油彩色印刷有限责任公司

2018年10月第1版　2025年6月第2次印刷
787毫米×1092毫米　开本：1/16　印张：6.5
字数：164千字
定价：16.00元
（如发现印装质量问题，我社图书营销中心负责调换）
版权所有，翻印必究

前　言

"构造地质学"是地质学的重要专业基础课程，具有很强的理论性和实践性。实习课是"构造地质学"教学过程的重要环节，它一方面可以帮助学生理解和掌握理论课的教学内容，另一方面，通过实习课教学，使学生建立基本构造现象的感性认识和基本构造现象的分析方法，培养学生作图的基本技能。因此，实习课在"构造地质学"教学过程中占有很重要的地位。

"构造地质学"实习课着重于读图、作图和构造分析，本教材也是紧紧围绕这三个方面进行编写的。通过读图使学生了解常见地质图件的规格和读图方法，认识基本构造现象在有关地质图件上的表现，建立地质构造的空间概念。通过作图，培养学生的作图技能，进一步建立基本地质构造的空间概念，学会常见地质构造图件的编制方法。构造分析部分包括基本构造几何学特征分析、运动学特征分析以及形成机理分析，旨在培养学生构造地质的综合分析能力。

《构造地质学实习指导书》共分 18 个实习、6 个附录及 18 张附图。实习包括读地质图，间接方法求岩层产状，编制剖面图、地层露头界线图、构造图、主应力迹线图和平衡剖面图等，并包括诸如应力应变分析、构造演化史分析等方面的构造分析内容。附录部分着重介绍了极射赤平投影的原理和在构造地质学中的应用，同时对地质年代、构造要素的图示表达等进行了介绍。

本实习指导书的编写主要参考了与徐开礼和朱志澄主编的《构造地质学（第二版）》相关的实习指导书、戴俊生主编的《构造地质学教程（附本）：实习教材与作业》和曾佐勋等编写的《构造地质学实习指导书》。

本实习指导书是漆家福和陈书平编写的《构造地质学》的配套教材，由陈书平和余一欣编著，漆家福主审。本书编写过程中，在内容整理和图件清绘等方面得到了研究生的帮助，他们是刘雪玲、程建莉、杨先范、王文庆、邹宇轩、杨红彩、刘洋、肖朝云、韩煦、肖华等，在此表示衷心的感谢。

本书中存在的错误和不妥之处，敬请使用者批评指正。

编著者

2018 年 4 月

目 录

实习一 认识地质图及读水平岩层、倾斜岩层和不整合地质图 ……………………… (1)

实习二 用间接方法确定岩层的产状要素 ……………………………………………… (7)

实习三 编制水平岩层、倾斜岩层地质剖面图 ………………………………………… (10)

实习四 根据放线距编制倾斜岩层地质图 ……………………………………………… (13)

实习五 岩石变形的应力应变分析 ……………………………………………………… (16)

实习六 赤平投影原理及应用(一) ……………………………………………………… (18)

实习七 赤平投影原理及应用(二) ……………………………………………………… (20)

实习八 读褶皱区地质图与编制图切地质剖面 ………………………………………… (22)

实习九 编制和分析构造等高线图 ……………………………………………………… (29)

实习十 编制和分析节理玫瑰花图 ……………………………………………………… (34)

实习十一 编制节理极点图和等密图 …………………………………………………… (38)

实习十二 根据共轭剪节理求主应力方位并绘制主应力迹线图 ……………………… (43)

实习十三 读断层地区地质图并求断层产状及断距 …………………………………… (45)

实习十四 利用钻井资料编制断层构造图 ……………………………………………… (48)

实习十五 同沉积构造分析 ……………………………………………………………… (51)

实习十六 平衡剖面编制 ………………………………………………………………… (55)

实习十七 构造地质综合作业 …………………………………………………………… (60)

实习十八 构造模拟与实验研究 ………………………………………………………… (63)

参考文献 ………………………………………………………………………………… (67)

附录Ⅰ 极射赤平投影原理及方法 ……………………………………………………… (68)

附录Ⅱ 岩层厚度的计算公式 …………………………………………………………… (74)

附录Ⅲ 各种常见岩性图例 ……………………………………………………………… (76)

附录Ⅳ 各种地质符号 …………………………………………………………………… (79)

附录Ⅴ 地层代号和色谱 ………………………………………………………………… (80)

附录Ⅵ 真、视倾角换算图 ……………………………………………………………… (81)

附图 ……………………………………………………………………………………… (82)

实习一　认识地质图及读水平岩层、倾斜岩层和不整合地质图

一、目的和要求

(1)明确地质图的概念,了解地质图的图式规格。
(2)学习地质图阅读方法和步骤。
(3)掌握水平岩层、倾斜岩层及不整合在地质图上的表现。

二、地质图的概念及图式规格

(一)地质图

地质图是用规定的符号、色谱或花纹将地壳某部分地质现象、地质组成,按比例概括投影到平面(地形图)上的图件(图1-1)。

一幅标准的地质图应该有图名、比例尺、图例、编图单位和编图日期等。

图名一般置于图上方,表达两个方面的含义,一是图幅所在的地区,二是图的类型,如《北京西山地质图》。标准地质图名称应有图幅名和图幅号,如《中华人民共和国地质图》Ⅰ48C001001(临夏市幅)。

比例尺又称缩尺,表明图幅所反映的实际地质情况的详细程度。比例尺分两种类型:(1)数字比例尺,如1:10000、1:200000,前者图上1cm代表实际100m,后者图上1cm代表2000m;(2)线条比例尺,为长6cm或8cm、宽1~2mm的尺子状,每1cm一段,分为6格或8格,自左边起第二格为0,自0向右每格注上1cm所代表的实际长度,由0向左的1cm再细分成若干份,标注上1mm或2mm所代表的实际长度。比例尺一般放在图框外上方或下方正中的地方。

图例用不同的颜色和符号表明岩石的时代和性质。图例通常放在图框右边或下方,也可以放在图框内。图例前面应清楚注明"图例"两字,图例大小都画成大小为0.8cm×1.1cm或0.8cm×1.2cm的长方形格子,方格左面注明时代,右面注明岩石性质,方框内着上和注明与地质图上同层位的相同颜色和符号。应注意:(1)图例按反映的地质现象和地质内容摆放,先地层(沉积岩),后岩浆岩,再变质岩,构造符号放在最后。(2)地层按由上到下、由左到右、由新到老的顺序排列。(3)没有确定时代的侵入岩按酸性程度排列,与之相当的喷出岩排在这一侵入岩之下;未确定时代的变质岩按变质程度由浅而深自上而下(自左而右)排在火成岩之下。(4)已确定时代的喷出岩、变质岩要按时代顺序排列在图例相应位置中,图上出露的岩层一定有对应的图例,图上未出露的岩层一定不能出现在图例中。(5)构造符号出现的顺序为地质界线、褶皱轴迹、断层、节理以及层理、面理、流纹、流面等产状要素。

地质图上表示各种现象的颜色也是有规范要求的(见附录Ⅳ)。地质界线为黑色,断层线用红色,河流用浅蓝色,地形等高线用棕色,城镇和交通网用黑色。

图框外左上方注明编图单位,右上方标明编图时间,下方注明编图单位负责人及编图人;

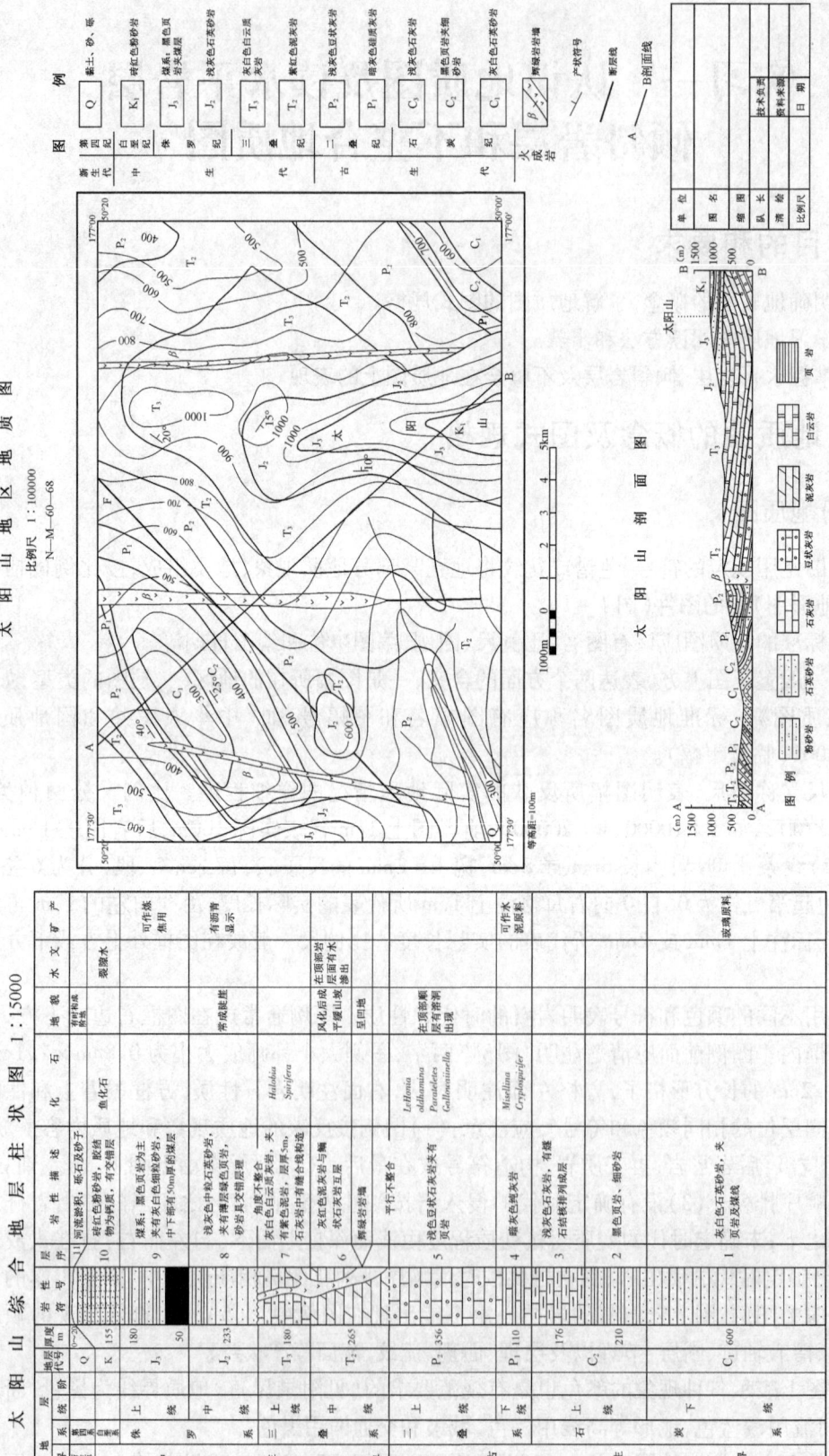

图 1-1 地质图的格式

或者,如图1-1所示,将它们以表格形式放在图的右下方。如根据许多资料综合编成的地质图,要在图右下方标明资料来源,包括编者、出版单位和出版日期。

为了表明图中所处的地理位置,在小比例尺地质图上应标上经纬线。如果是国际地图分幅中的一幅,则应在图名下方注明其代号,右下方附上接图表。

(二) 地质剖面图

一幅正式的地质图应附有1~2张横剖面图,其切过全区主要构造线。

单独绘出的剖面图,图名可以用剖面所在的大地名及其经过的主要地名表示,如周口店地区太平山—升平山地质剖面图。如果为与地质图在一起的图切剖面,可以用代号表示,如Ⅰ—Ⅰ′剖面图或A—A′剖面图。

剖面图应有与地质图一致的垂直和水平比例尺。垂直比例尺用线条表示在剖面两端。如果剖面图附在地质图下方,一般应与地质图比例尺大小一致,此时可省去水平比例尺,如果不同,则必须注明水平比例尺。如果剖面图垂直比例尺放大了,则必须注明水平比例尺和垂直比例尺。

剖面图的两端,用垂直线控制,其一边标记垂直比例尺,下边选定一水平线作为基线。两条垂直线的上端要注明剖面方向(用方位角表示)。剖面经过的山、河、城镇也注明在剖面地形起伏线上。剖面图的放置,一般南端在右方,北端在左方,西左东右,南西和北西端在左,北东和南东端在右。

剖面图也应附有图例,与地质图上的图例颜色、代号一致。如果是附在地质图上的剖面图,则图例可以省去,但要附上岩石花纹的图例和新增加内容的图例。

原则上,剖面内不能留有空白,地下深处的岩层,可根据岩层发育和构造情况做合理的推测。

剖面在地质图上的位置应以细线标出,并附以数字或符号,如Ⅰ—Ⅰ′、Ⅱ—Ⅱ′或A—A′、B—B′等,与剖面图对应。

(三) 地层柱状图

一份正式的地质报告与地质图上,应该附有全区的综合地层柱状图。

柱状图可以附在地质图的左边,也可以画在另一张纸上。比例尺视情况而定,一般要大于地质图的比例尺。

柱状图应有图名,如果是综合较大区域作出来的,则叫《××地区综合地层柱状图》。

柱状图中的地层要按照从老到新的顺序往上画,在绘制过程中要考虑不整合和火成岩体侵入的关系,必须要把这些重要的现象正确地表示在图上(也有只画地层,不画侵入岩体的)。岩性柱子的宽度要视地层的总厚度决定。总厚度大,柱子要宽些;总厚度小,柱子可窄些。一般为2~4cm,目的是使图件整齐醒目。

在地层一栏内分界、系、统、阶(组)四格,或按地区性地层单位加上群、组、段,以取代"阶"。

地层代号一栏内除了要写上文字符号,还要按国际色谱染上颜色(或统一规定的色谱)。

岩性描述栏中,只描述岩石最主要特征,如岩石名称、颜色、颗粒大小、成分以及其他突出的特点等。如果有火成岩侵入,就应该在其相当的时代位置上加以描述。

化石栏中对化石的描述要用拉丁文写出属名、种名。此外还可以描写化石的保存特点。

地貌及水文地质栏可以合并，也可以分开。地貌主要描述不同岩石经受外力地质作用后在地面上的表现，如石灰岩造成岩溶地貌、石英砂岩造成陡崖等。水文地质栏内叙述岩石的水文地质性质，如含水层、不透水层等。用蓝色表示含水层的存在，并将厚度注明。

矿产一栏中把各种矿产及有开采价值的岩石写出，并注明矿产、层位、厚度及用途等。

柱状图一般分为以上几栏，也可根据全区的地质特点和工作任务，适当地增加或减少内容。

三、阅读地质图的一般步骤和方法

读图步骤可概括为：先图外、后图内，先地形、后地质，先地层、后构造。读地质图，首先要看图式和各项规格内容。根据图名和图幅代号，了解图的地理位置和图的类型；根据比例尺大小，可以折算图幅的面积，同时也了解反映地质构造现象的详细程度；出版年月和引用资料，可以了解图幅的编制时间并便于查阅原始资料；图例的分析是读图的基础，从图例中可以弄清图幅内所采用的各种符号、出露的地层和岩石类型、各地层及岩石的生成顺序、时代以及地层间有无沉积间断等。

地形分析是全面了解地质内容的前提，在大比例尺（大于 1∶50000）地形地质图上，通过地形等高线和河流水系的分析，了解地形特点。在中小比例尺（1∶100000～1∶500000）地质图上，一般没有地形等高线，此时主要根据河流水系的分布、支流与主流的关系，以及一些标出标高的山势变化等了解地形特点。

一幅地质图上所展现的地质内容是相当丰富的，在图上一般分析的项目有：地层、岩石的类型及其产状、时代、分布及相互关系等；褶皱构造的形态类型、规模、空间展布、组合形式和形成时代；断裂构造的类型、规模、空间展布、组合类型和形成时代；岩浆岩和变质岩出露区的构造，等等。分析时边看、边记、边绘图以获得所需要的资料。各种构造形态的具体分析方法将在有关实习中专门叙述。

（一）水平岩层在地质图上的表现

水平岩层在地质图上的表现（图 1-2）为：(1) 地质界线与地形等高线平行或重合；(2) 岩层未发生倒转情况下，新岩层出露在高处，老岩层出露在低处；(3) 岩层的露头宽度与地形坡度和地层厚度有关；(4) 顶、底界线的高程差即为岩层厚度。

（二）倾斜岩层在地质图上的表现

大比例尺地形地质图上，倾斜岩层的地质界线与地形等高线相交，在山脊和沟谷处弯曲成 V 字形，并且与地形等高线组合成一定的规律，即所谓的 V 字形法则。

当岩层倾向与地面坡向相反时，地质界线与地形等高线做相同方向弯曲，但地质界线形态更为宽阔。

当岩层倾向与地面坡向相同且岩层倾角大于地面坡角时，地质界线与地形等高线做相反方向弯曲。

当岩层倾向与地面坡向相同且岩层倾角小于地面坡角时，地质界线与地形等高线做相同方向弯曲，但地质界线弯曲程度比地形等高线大。

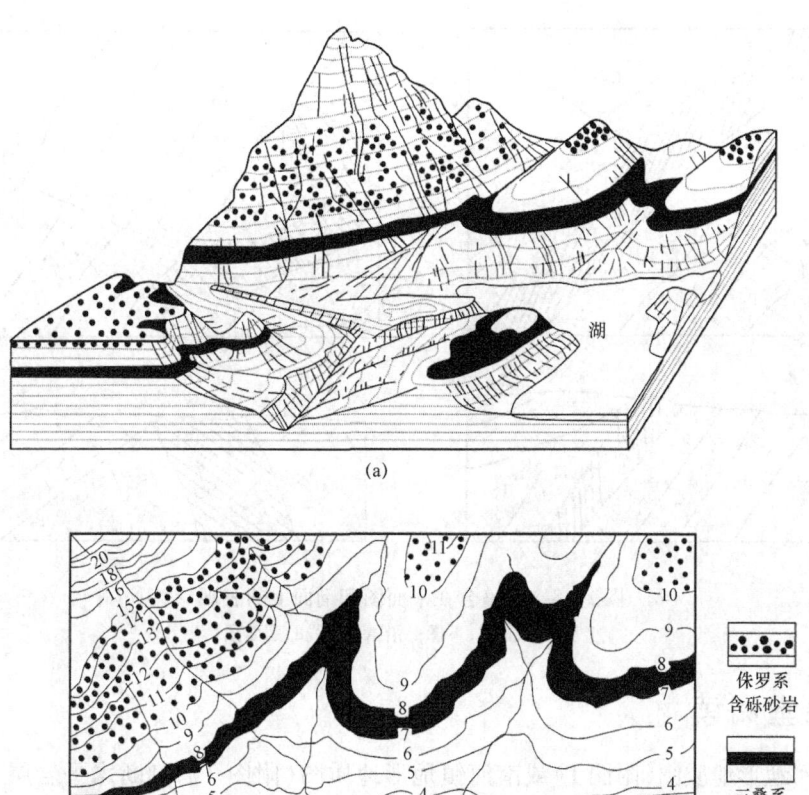

图 1-2 水平岩层露头分布特征
(a)立体图；(b)平面图(地质图)

(三)不整合在地质图上的表现

1. 角度不整合

上、下两套地层间存在地层缺失，较老的一套地层的地质界线被不整合线所交切，较新的一套地层的地质界线与之大致平行，见图 1-3，或者是上、下两套地层地质界线平行，但是有不同的倾向或/和倾角。

2. 平行不整合

上、下两套地层间存在地层缺失，地质界线平行，倾向和倾角一致。

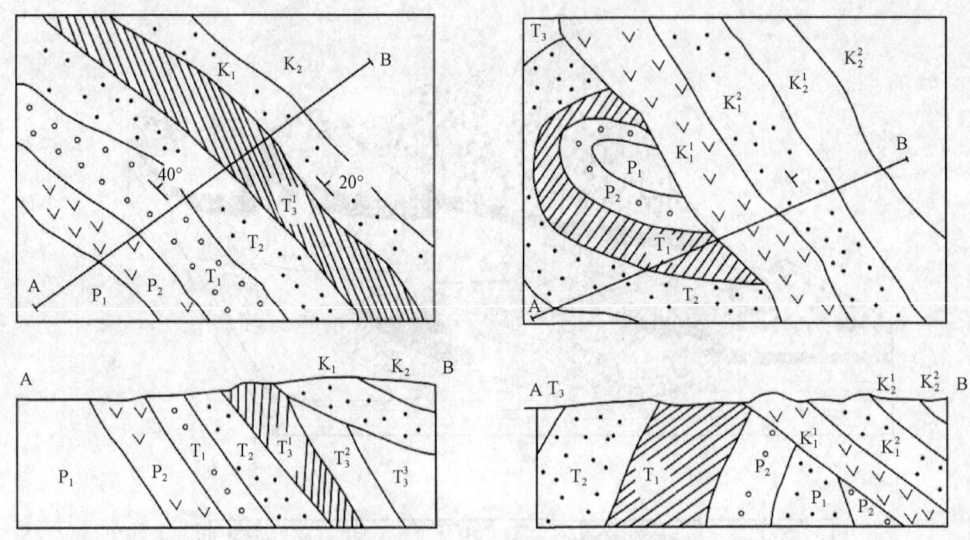

图 1-3 不整合在平面图和剖面上的表现
上图—平面图;下图—沿 A—B 线的剖面图

四、课堂阅读

分析凌河地形地质图(附图1)或南河镇地形地质图(附图2),判断水平岩层、倾斜岩层、不整合类型,用 V 字形法则确定倾斜岩层倾向。求凌河地形地质图中 K_1 岩层厚度。

实习二　用间接方法确定岩层的产状要素

一、目的和要求

(1)学会在地形地质图上用相邻等高线和三点法求岩层的产状要素。
(2)巩固岩层产状的概念。

二、预习内容

(1)产状要素的概念。
(2)实习说明。

三、实习图件及用具

(1)凌河地形地质图和松溪地形地质图。
(2)三角板、量角器、H 铅笔。

四、说明

(一)用相邻等高线在地形地质图上测定面状构造产状要素

在地形地质图上确定面状构造产状要素的前提条件是测定区面状构造平直稳定。

按走向线的定义[图 2-1(a)],面状构造与水平面的交线即为走向线。因此,在平直稳定的面状构造上两个等高点的连线即为走向线(图中Ⅰ—Ⅰ线和Ⅱ—Ⅱ线)。Ⅰ—Ⅰ线为高程 100m 的走向线,Ⅱ—Ⅱ线为高程 150m 的走向线,理想情况下两走向线是平行的,其垂线为倾斜线,即图中的 AB,AB 线在水平面的投影即为倾向线,其指向岩层倾伏的方位或指向岩层下倾的方位为倾向。BC 为两条走向线的高程差,∠BAC 即为倾角。

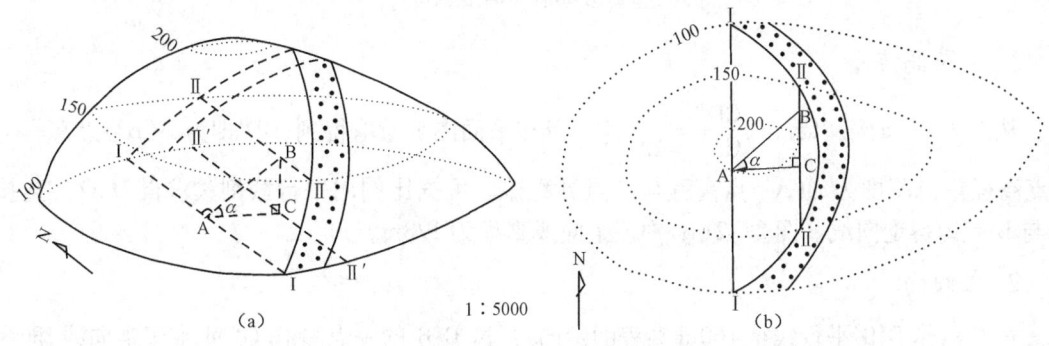

图 2-1　地形地质图求岩层产状示意图
(a)透视图;(b)平面图(地形地质图)

在地形地质图上的作图步骤为:

(1)连接砂层上层面地质界线与100m、150m等高线的交点Ⅰ、Ⅰ和Ⅱ、Ⅱ,得高程分别为100m、150m 的走向线Ⅰ—Ⅰ和Ⅱ—Ⅱ[图2-1(b)]。

(2)作两条走向线的垂线 CA,为倾向线,倾向由高(C点)指向低(A点)。在高程大的走向线(Ⅱ—Ⅱ)上取线段 BC,其长度为按比例尺换算的两走向线高程差(50m)的图画长度,连接 AB 得直角三角形 ABC,∠BAC 即为倾角。

(3)用量角器量出∠BAC 大小,并量出 CA 的方位角即为岩层倾向。

(二)用三点法求面状构造的产状要求

若面状构造(如岩层面、断层面)平直稳定,则可利用该面状构造上三个高程不等的点来求解面状构造的产状要素。该方法称为三点法。

应用三点法求解面状构造产状要素的前提条件是:(1)三点范围内岩层界面平整、产状无变化;(2)三点位于同一岩层界面上,且不在同一条直线上;(3)三点位置、相互之间的水平距离和标高已知。如果是钻井资料,则标高可以通过钻井地面标高和钻遇目的层的深度差得到。

做法:图2-2(a)中,在最高点 A 和最低点 C 的连线上找到与 B 点高程等高的点 D,连线 DB 即为走向线。过 A 点或 C 点作 DB 的平行线,也是一条走向线,根据两走向线的水平距离及各自高程,就可求解得出倾向和倾角。具体步骤有以下三步。

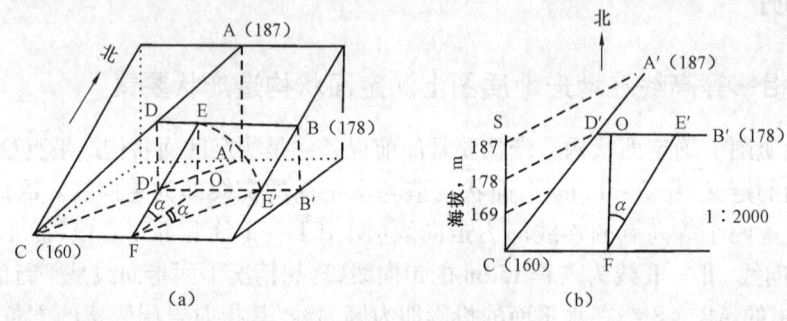

图2-2 三点法求产状
(a)透视图;(b)平面图

1. 求等高点

从图2-2(a)可以看出,$\dfrac{CD'}{CA'} = \dfrac{DD'}{AA'}$,CA′可在平面图上量取得到,DD′即为 B(B′)点高程与 C 点高程差,AA′即为 A(A′)点高程与 C 点高程差。可据比例用平行截割法求得 D′点。连接 D′与 B′点即得走向线。图2-2(b)中该走向线高程为178m。

2. 求倾向

过 C 点作 D′B′平行线得160m 高程的走向线,过 D′B′的一点 O 作 OF 垂直于走向线,即为倾向线,从高指向低即为倾向,用量角器量其方位角即为倾向,图中 OF 倾向为 S180°。

3. 求倾角

根据 B、C 两点的高差,按平面图比例尺取一线段 OE′[图2-2(b)],连 E′F,则∠E′FO

（α）即为倾角，用量角器量其值，也可用计算方法，即 $\tan\alpha = OE'/OF$。

(三) 钻深的求解方法

图 2-3 为垂直于岩层走向的剖面，A 点高程为 H_a，B 点高程为 H_b，α 为岩层倾角，则在图中 A 点钻井钻到石灰岩顶面的深度 H 为 $H = H_a - H_b + BC\tan\alpha$，其中 BC 为两条等高程走向线间的水平距离。

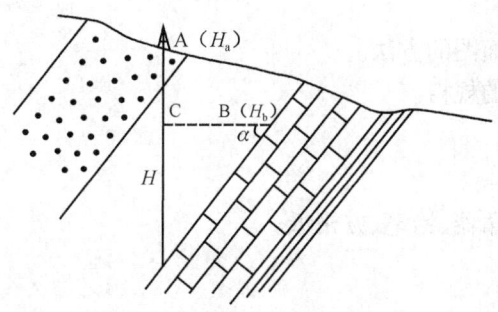

图 2-3 倾斜岩层钻深示意图

五、作业

(1) 在凌河地形地质图（附图 1）上求下石炭统（C_1）顶面或底面的产状。

(2) 在松溪地形地质图（附图 3）上：① 已知某倾斜矿层，产状稳定，有三个钻孔，各见矿深度 $Zk2$ 为 60m，$Zk3$ 为 40m，$Zk4$ 为 80m，用三点法求该矿层的产状；② 求在设计钻孔 $Zk9$ 处预计打多深可达该层面（提示：先据图读取各钻孔点的标高，然后据钻深求得高程）。

实习三　编制水平岩层、倾斜岩层地质剖面图

一、目的和要求

(1)学会图切地质剖面图的方法。
(2)明确地质剖面图的规格。

二、实习用具

三角板(或直尺)、量角器、铅笔、方格纸。

三、说明

(一)地质剖面图的概念

地质剖面图是沿一定方向反映地下一定深度的地质构造形态的图件。一幅完整的地质图都应附有1~2幅剖面图。

垂直于褶皱长轴或岩层走向所编制的铅直方向的剖面图称为横剖面图,这也是一般所说的剖面图。

垂直于褶皱短轴或平行岩层走向所编制的剖面图称为纵剖面图。

(二)地质剖面图的规格

(1)图名:说明剖面所在的位置,一般以剖面所通过的主要地名来命名(图3-1)。
(2)比例尺:剖面图有垂直比例尺和水平比例尺。水平比例尺应与地质图一致,垂直比例尺以尺子状形式标在图的左右两边,其高度起点应低于剖面线所经过地区最低处的高程(一般1~2个等高距),可不从零开始。一般地,垂直比例尺应与水平比例尺一致,如果出于某种需要,垂直比例尺放大,则必须注明放大倍数。

由于比例尺放大,岩层倾角就会变大,其倾角关系表示如下:

$$\tan\alpha' = \eta\tan\alpha \qquad (3-1)$$

式中　η——垂直比例尺放大倍数;
　　　α——岩层的倾角;
　　　α'——垂直比例尺放大后岩层的倾角。
(3)图例:参见图1-1。

(三)地质剖面线的选择

(1)剖面线应通过该区最具代表性的典型地区。
(2)剖面线最好垂直褶皱轴迹或岩层走向。
(3)一般应为直线。

(四)剖面位置的放置

(1)在地质图上,用细线标明位置,注明两端符号,如Ⅰ—Ⅰ′、A—B 等。
(2)剖面图两端用垂直比例尺的标线限制,标线上方标明剖面方向,底为基线限制。
(3)剖面线经过的主要山峰、河流、城镇等名称也标注在地形剖面线上。
(4)剖面图放置在地质图下方,按左西右东、左北右南、左北西(南西)右南东(北东)放置。图内不留空白处,无资料处按岩层顺序、构造情况等做合理推断。

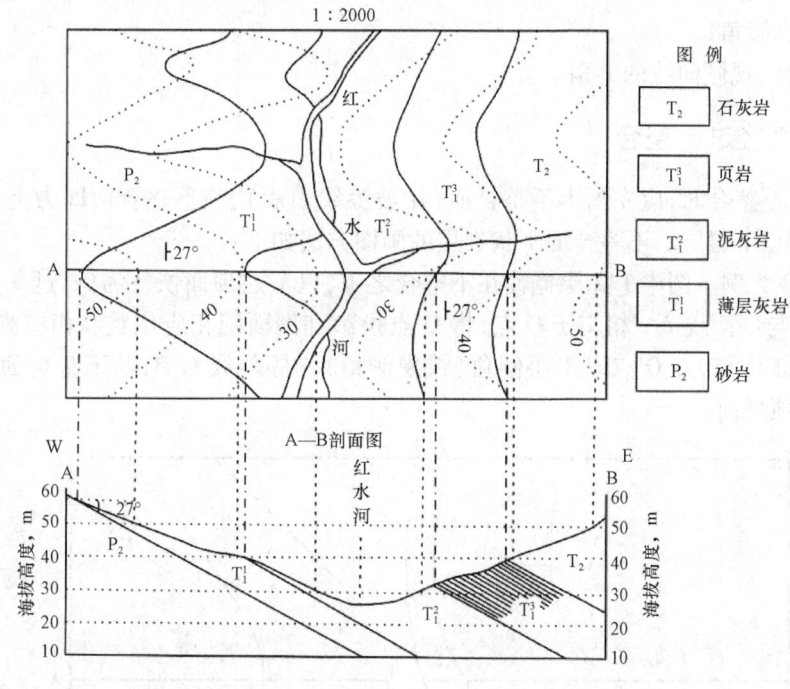

图 3-1 绘制倾斜岩层地质剖面图示意图

四、编制地质剖面图的方法和步骤

(1)根据地形特点、地层出露情况及构造走向,选择合适的剖面位置,画出剖面线。
(2)将剖面线画在地质图上,两端标明代号。
(3)按剖面放置原则,画出剖面基线,长短与剖面线一致,高程一般比剖面线所经过的最低处高程低 1~2 个等高距。两端画出垂直比例尺,注明方向和高程,并作一系列平行基线的比例尺线段。
(4)作地形剖面。将剖面线与地形等高线的交点,投影到剖面图相应高度上,用圆滑曲线连接各点,得到地形剖面图。
(5)作地质剖面。将各地质界线与剖面线的交点投影到地形剖面上。根据各岩层倾角和倾向,作倾斜线。根据地质图地质构造特征,恢复各构造。在剖面图中填上与地质图相同的符号、花纹等。
(6)按地质剖面图的规格填上各项内容,即得一张完整的地质剖面。

五、几个说明

(一)剖面线与岩层走向线斜交

当剖面线与岩层走向不垂直时,换算视倾角、倾角及夹角的关系为

$$\tan\beta = \tan\gamma\cos\omega \tag{3-2}$$

式中 β——视倾角;
  γ——真倾角;
  ω——真、视倾向线的夹角。

(二)剖面经过不整合

剖面经过不整合时,应先画出不整合面(用波浪线表示),该不整合面即为上覆岩层的底面,然后画出上、下岩层。不整合面下伏岩层的画图方法如下:

以图3-2为例。图中1、2层掩覆在不整合之下,以1层顶面恢复为例,过 a 点作1层走向线 Ⅱ—Ⅱ′,与剖面线 AA′ 相交于 O 点,将 O 点投影到剖面图相应位置和相应高程上(该例中为700m),得 O′点,过 O′点以1层倾角(或视倾角)作倾斜线 O′B,与不整合面交于 O″点,O″B 即为1层顶界面。

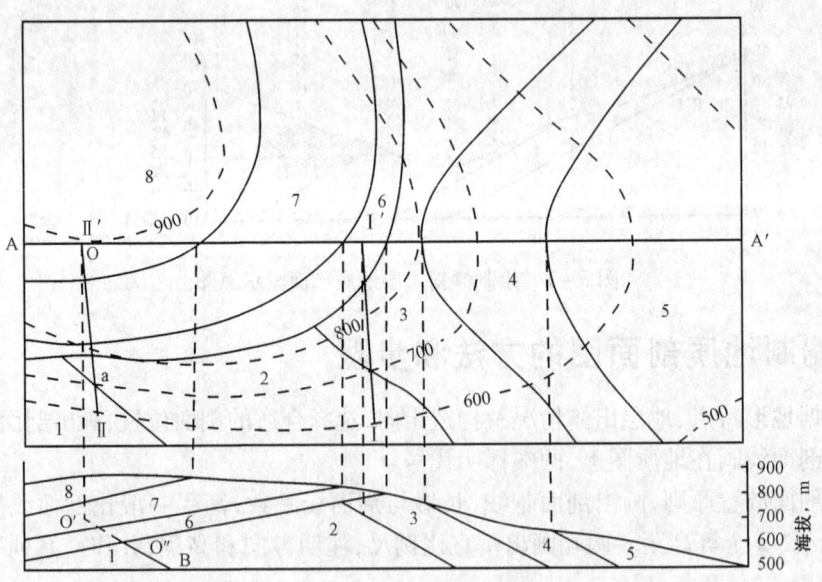

图3-2 不整合面以下岩层界面投影方法

六、作业

在凌河地形地质图(附图1)上,编制 A—B 剖面。

实习四　根据放线距编制倾斜岩层地质图

一、目的和要求

(1)了解放线距的意义。
(2)学会根据放线距编制地质图。
(3)更进一步理解V字形法则。

二、说明

(一)原理

一个层面平整、产状稳定的倾斜岩层相同等高距的不同高程的走向线,其水平投影为间距相等的平行线(图4-1)。岩层面在地表的出露界线(地质界线)是岩层面与地面的交线,其上任一点的高程既是地面的高程,又是岩层面的高程。反过来,如果找到了这样的一系列点,按一定顺序用圆滑线连起来就可得到地质界线。其条件包括:倾斜岩层产状稳定;有一定比例尺的地形图;已知一个倾斜岩层出露点,岩层产状已知。

放线距,也叫放线比例尺,指倾斜岩层每升高一个等高距两相邻走向线间的水平距离(图4-2)。有如下关系:

$$a = h\cot\alpha \tag{4-1}$$

式中　a——放线距;
　　　h——高程差;
　　　α——岩层倾角。

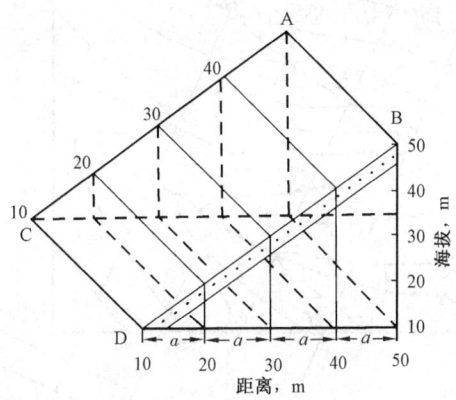

图4-1　放线距
ABCD——一倾斜岩层面,其上为以10m等高距画出的一系列走向线;
a——各走向线间的水平投影平距

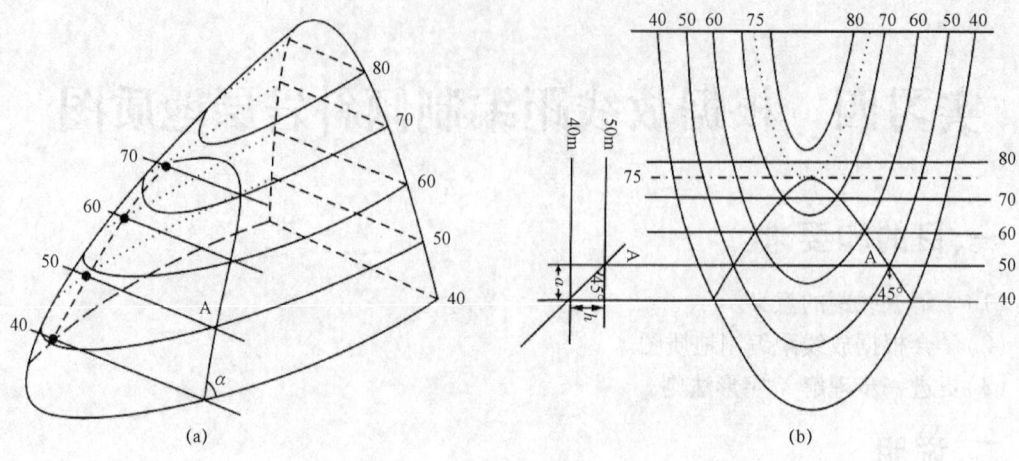

图 4-2 求放线距及编绘地质界线
(a)立体图;(b)平面图

(二)制图方法和步骤

(1)求放线距。① 计算法:根据等高线高程点,按式(4-1)求放线距 a。② 作图法:如图 4-3 所示,直接从图上已知点 A 作走向线 AA′并延长到图框外边至 A″点。过 A″点,垂直此走向线作一直线,此直线的高程为 80m。然后,以此线为基线,按根据比例尺换算了的等高线的高差为间距,画一系列与该基线平行的直线,并以露头 A 点走向线高程(本例为 80m)为准,按顺序注上高程,如 90m、70m、60m 等。通过图框外 A″点,以 80m 线为基准,按岩层倾向和倾角(30°)作一倾斜线,分别与各高程平行线交于 Ⅰ、Ⅱ、Ⅲ 点,然后过这些点作与走向线 A″A′平行的线,如 Ⅰ—Ⅰ′、Ⅱ—Ⅱ′、Ⅲ—Ⅲ′等线。各平行线之间的间距 a 即为放线距。

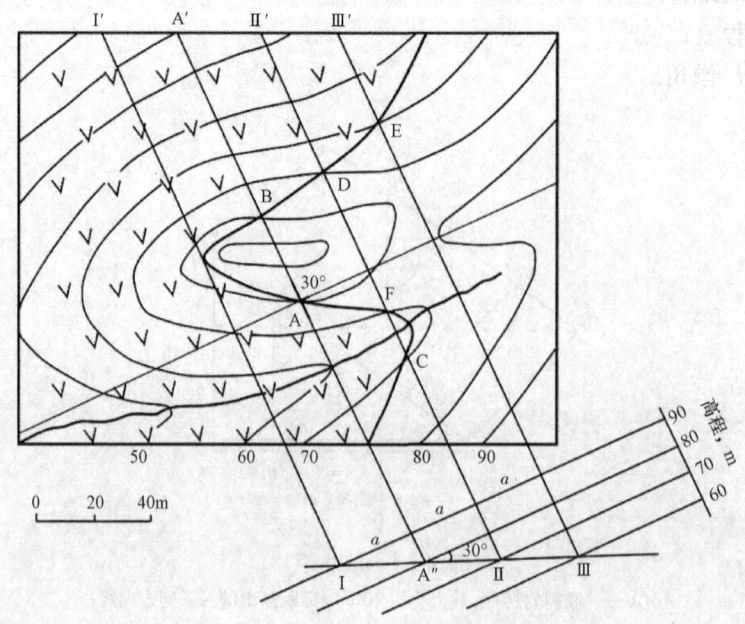

图 4-3 图解法求放线距,并绘制倾斜岩层界线

(2)在已知露头点的位置上画出岩层的走向线和倾向线(图4-2,图4-3)。

(3)在倾向线上按放线距的长度截取线段,并过分截点作已知走向线的平行线,这些走向线的高度不同,与倾向方向相同者高程低,相反者高程高。

(4)找出高程相同的走向线与等高线的交点,即为岩层的出露点,按顺序将这些出露点用圆滑曲线相连,即为该岩层的地质界线。

(三)注意问题

(1)当地质界线通过山头或河谷时,要注意岩层倾向、倾角和地质界线的关系,此时为了准确画出地质界线,据插值法,要作辅助等高线和辅助走向线。

(2)当地质界线过陡崖时,则应与等高线及陡壁界线重合。

三、作业

(1)用鹰岩地形图(附图4)按下列条件作图:该区白垩系下统(K_1)含铜砾岩层的下界面出露于C点(标高170m),产状为168°∠10°,K_1砂砾岩层下界面为不整合面,产状也是168°∠10°。在C点又正好是不整合面之下古元古界含铜白云岩层(Pta)的上层面与黑色板岩(Ptb)的分界点,产状为20°∠27°。试根据这些产状要素绘制该区地质图。地形图比例尺为1:5000,等高线间距为10m。(注意:不整合面上、下要分别作各自的放线距、不同高程走向平行线及相应交点,并应先绘出不整合面,即K_1下界面。)

(2)确定在过B点、F点布置揭露含铜砂砾岩层顶、底板探槽的最佳方位(距离最短)。

(3)试分析在F点布置钻孔以查明含铜白云岩的埋藏深度是否合理。

实习五　岩石变形的应力应变分析

一、目的和要求

(1)掌握应力、应变的概念。
(2)学习简单受力体的应力分析,了解应力莫尔圆的作图方法。
(3)学习变形岩体应变分析方法。

二、实习用具

三角板(或直尺)、量角器、圆规、铅笔、方格纸。

三、说明

(一)应力

应力为受力作用面上单位面积的作用力。应力可以分解成两个分量,垂直于单位面积上的应力分量为正应力,另一个与单位面积平行,为剪应力。应力单位是帕斯卡或帕(Pa),即 N/m^2。应力的符号规定为:正应力压为"＋",拉为"－";剪应力逆时针为"＋",顺时针为"－"。

空间某点的应力状态可以用三个相互垂直的正应力代表,称为主应力,以 σ_1(最大)、σ_2(中间)、σ_3(最小)表示。主应力的作用面为主平面,σ_1、σ_2、σ_3 的方向线称为主应力轴。

空间某点的应力状态也可以用应力莫尔圆表示,其表示受力物体内部任意斜面(有共同交线)上正应力、剪应力与主应力之间的关系。

受力物体内部各点瞬时应力状态的组合称为应力场。

地壳内一定范围内某一瞬时构造应力状态的组合为构造应力场。偏离标准应力的那部分应力为构造应力。某地史时期的应力场为古应力场。

(二)应变

地壳岩体在应力作用下,内部质点发生一系列的位移,使初始形状、方位、位置发生改变,称为变形。质点的初始位置和终止位置的连线为位移矢量。质点之间的相对位移程度为应变。

1.线应变

线应变为对线变形的度量,涉及以下几个要素。

(1)伸长度: $e = \dfrac{l_1 - l_0}{l_0}$,$l_1$ 为变形后长度,l_0 为变形前原始长度。

(2)泊松比: $v = \left|\dfrac{e}{e_0}\right|$,$e$ 为沿受力方向上的伸长度,e_0 为与受力方向垂直方向上的伸长度。

这两个变量符号总是相反,因此加绝对值号。

(3)长度比:$s = \dfrac{l_1}{l_0} = 1 + e$

(4)平方长度比:$\lambda = \left(\dfrac{l_1}{l_0}\right)^2 = (1 + e)^2$

2. 剪应变

变形前两正交物质线变形后角度的改变量为剪变角 ψ(图5-1)。剪变角的正切为剪应变,表达式为 $\gamma = \tan\psi$。逆时针或原来直角变大的剪应变为"-",顺时针或原来直角变小的剪应变为"+"。

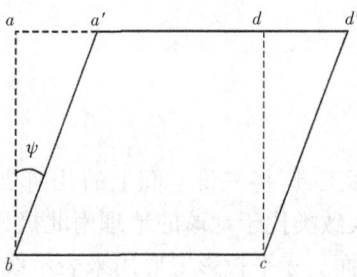

图 5-1 剪变角示意图

四、作业

(1)某受力体内部截面的外法线与内力作用方向线成 45°夹角,内力大小为 50MPa,计算法求该截面上的正应力和剪应力,并做出应力莫尔圆。

(2)某岩块处于平面应力作用下,内有两个垂直截面,其中一个截面受到 40MPa 压应力和 10MPa 剪应力作用,另一截面受到 20MPa 张应力和 -10MPa 剪应力作用,计算法求主应力大小及方向,并用应力莫尔圆表示。

(3)测得一受力正方形物体对角线方向的斜面上正应力和剪应力分别为 40MPa 和 20MPa,在另一与该斜面斜交的面上测得正应力和剪应力分别为 20MPa 和 60MPa,求该受力物体的平面应力莫尔圆、主应力的大小和方向。

(4)某变形岩石受简单剪切作用,变形前半径为 1cm 的圆,变形后变成了椭圆,长轴为 1.18cm,短轴为 0.75cm(图 5-2)。化石铰合线与中线不再垂直,其偏差 ψ 为沿铰合线方向的剪变角,$\varphi = 30°$。求椭圆长短轴的线应变和沿化石铰合线方向的剪应变。

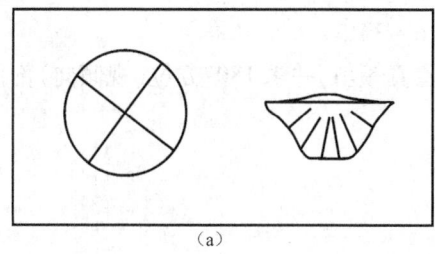 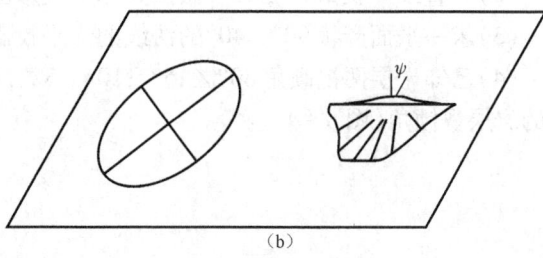

图 5-2 剪切应变模型
(a)变形前,(b)变形后

实习六　赤平投影原理及应用(一)

一、目的和要求

(1) 了解赤平投影基本原理,初步掌握平面、直线和平面法线的投影方法。
(2) 学会用赤平投影方法换算真倾角、视倾角。

二、说明

(一) 赤平投影原理

赤平投影是以圆球作为投影工具,将三维空间上的几何要素(线、面)反映在投影面上进行处理。其上下两个极射点可大致类比于地球的地理南北极,投影面或赤平面相当于地球的赤道面,并以地理坐标校准赤平面。赤平投影主要用来表示线、面的方向,相互间的角距关系及其运动轨迹,也应用于构造要素密度统计等。该方法广泛应用于天文、航海、测量、地理及地质科学中。关于赤平投影原理的细节可参阅附录Ⅰ。

(二) 赤平投影网类型

目前广泛使用的投影网有等角(度)投影网和等面积投影网。在等角投影网中,线、面的夹角关系在投影前的几何图形上和在投影后的几何图形上不变,主要用于处理线、面的几何关系。关于其细节参阅附录Ⅰ。

(三) 赤平投影方法

赤平投影在构造地质学中具有广泛的用途,可解决地质构造的几何形态、几何关系、应力分析等方面的问题。具体使用方法可参阅附录Ⅰ。

三、作业

(1) 一平面产状为120°∠30°,做出其赤平投影图(图6-1)。
(2) 一直线产状330°∠40°,做出其赤平投影图(图6-2)。
(3) 求一平面产状90°∠40°的法线的赤平投影(图6-3)。
(4) 已知岩层两视倾角80°∠15°、110°∠32°,求岩层真倾斜,并求180°方位(视倾向)剖面上的岩层视倾角(图6-4)。

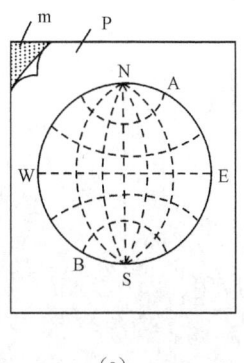 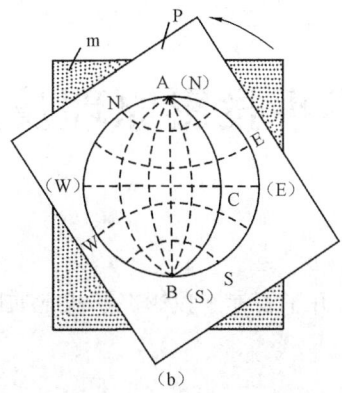 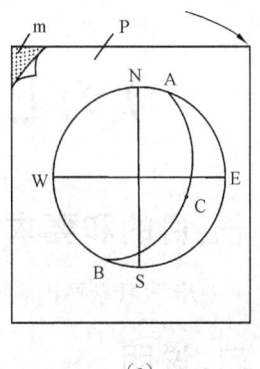

(a) (b) (c)

图 6-1 平面的赤平投影步骤

P—透明纸，m—吴氏网(下同)

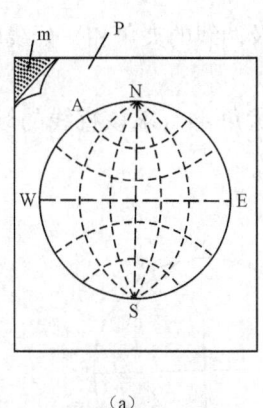 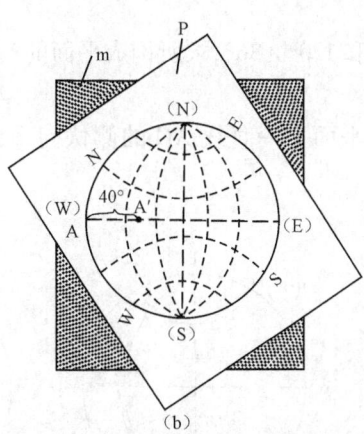 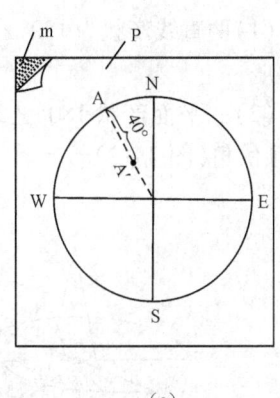

(a) (b) (c)

图 6-2 直线的赤平投影步骤

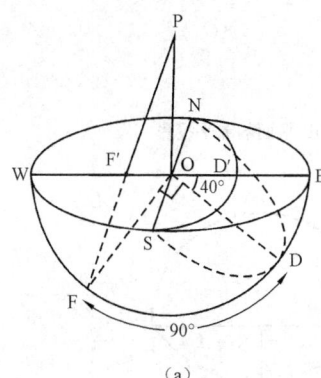 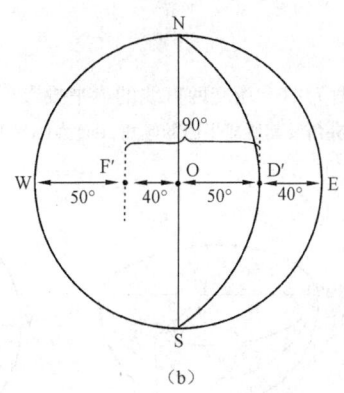 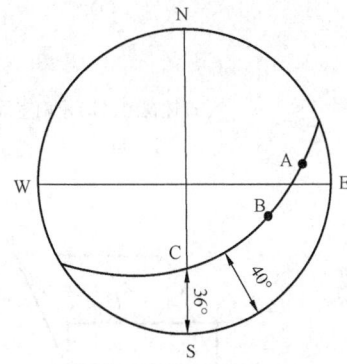

图 6-3 法线的赤平投影

(a)透视图；(b)赤平图

图 6-4 两视倾斜求真倾斜

— 19 —

实习七 赤平投影原理及应用(二)

一、目的和要求

进一步学习赤平投影的应用,并了解赤平投影在解决地质问题的应用。

二、说明

同实习六。

三、作业

(1)两直线产状为180°∠20°和120°∠36°,求所构成平面的产状及两线的夹角和平分线(图7-1)。

(2)一平面产状180°∠37°,平面上一直线AC的侧伏向E、侧伏角44°,求该直线的倾伏向、倾伏角(图7-2)。

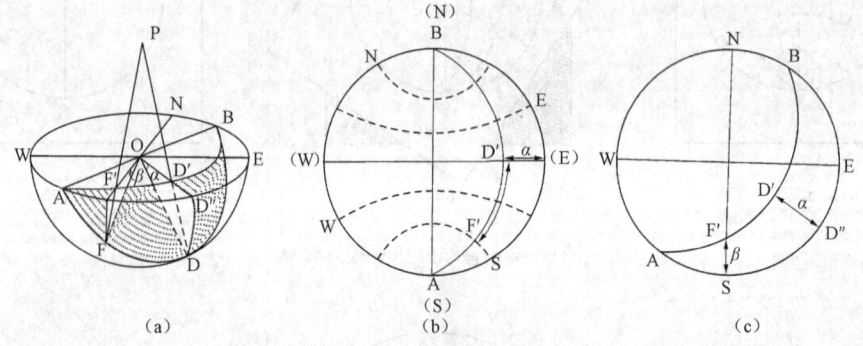

图7-1 相交两直线的赤平投影
(a)透视图;(b)求两直线夹角及其所成平面的倾角;(c)为(a)中ADB平面的赤平投影

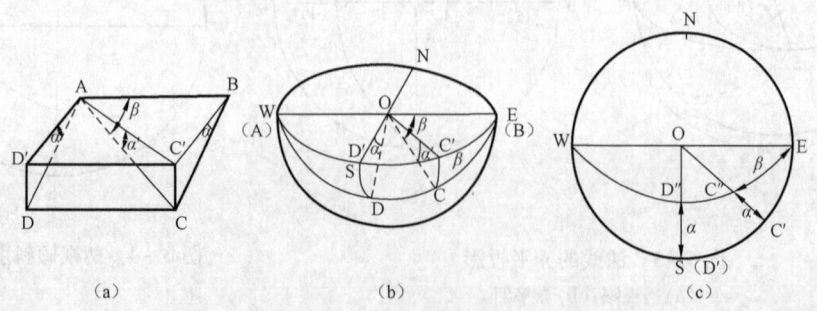

图7-2 平面上一直线的赤平投影
(a)立体图;(b)球体透视图;(c)赤平图
α—平面倾角;α′—直线倾伏角;β—ABCD平面上AC线的侧伏角;AC′—AC线的倾伏向

(3) 两平面产状 70°∠40°和 290°∠30°,求其交线产状、夹角及等分面(图 7-3)。

(4) 一平面产状 120°∠50°,一直线产状 320°∠20°,求其夹角(图 7-4)。

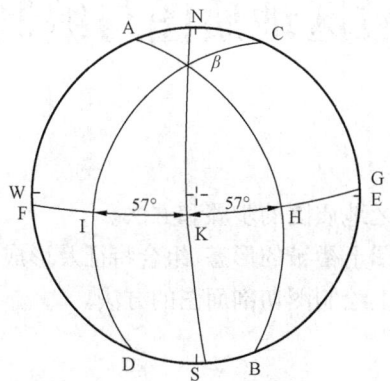

图 7-3 相交两平面的赤平投影

弧 FIKHG 为两已知平面的公垂面,点 K 为两平面锐角平分线的赤平投影,
过 K 点的南北向弧线为两已知面的锐角平分面

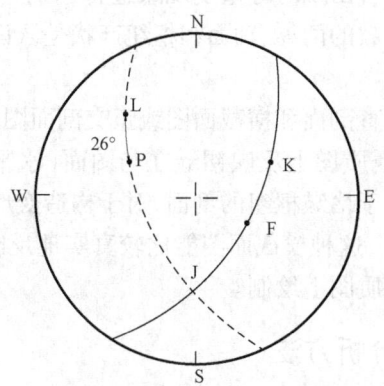

图 7-4 直线与平面间夹角关系的赤平投影

点 P 为已知面的法线投影

实习八　读褶皱区地质图与编制图切地质剖面

一、目的和要求

(1) 初步掌握阅读褶皱地区地质图的步骤和方法。
(2) 能够认识和分析地质图上褶皱的形态、组合特征及形成年代。
(3) 掌握在褶皱区地质图上绘制图切剖面图的方法。

二、说明

首先通过读取地质图的图例或地层柱状图,认识该地区出露地层的时代、层序和接触关系;接着浏览地质图,概略认识图区新老地层的分布和延展情况,并结合比例尺分析地形对地层露头分布形态和出露宽度的影响。

从地质图上对地层分布是否出现对称重复现象进行判别,并结合地层新老关系和地层产状,分辨出背斜和向斜,确定褶皱的两翼、轴面和枢纽产状是认识褶皱形态的关键,从而分析褶皱的形态和组合特征。

褶皱构造图切剖面分为铅直剖面和横截面图或正交剖面图。铅直剖面一般横切褶皱延伸方向,它适用于在各种比例尺地质图上反映褶皱在与图面(水平面)垂直面上的褶皱特征;而横截面图或正交剖面图是垂直于褶皱枢纽的剖面,对于构造变形较强烈、枢纽倾伏角较大的褶皱较复杂的地区(如变质岩区),这种横截面图能比较真实地反映褶皱在剖面上的形态。横截面图通常是在比例尺较大的地质图上绘制。

(一) 单个褶皱要素的分析方法

1. 区分背斜和向斜

先从一个老地层或新地层着手,垂直地层的走向方向观察,背斜表现为老地层两侧依次对称分布着新地层;向斜恰好与背斜相反,表现为在新地层两侧对称分布着老地层,通常情况下背斜和向斜相互毗邻而出现。

2. 确定两翼产状

褶皱两翼产状及变化,主要从地质图上标绘的地层产状符号直接去认识和分析。在岩层厚度基本稳定、地形起伏不大或褶皱两翼的地面坡度相似的前提下,岩层露头宽度只与岩层倾角大小有关,可以根据同一岩层在褶皱两翼露头宽度的差异,定性地对比两翼的倾角大小。露头宽度窄的一翼倾角大,宽的一翼倾角小。

3. 判断轴面产状

要较准确地确定褶皱轴面的产状,可以系统地测量两翼同一岩层产状,再用极射赤平投影方法或几何作图法来确定。在褶皱区地质图上,可以通过褶皱的两翼产状大致判断出其轴面产状。当两翼倾向相反、倾角大致相等时,褶皱轴面直立;当两翼倾向、倾角基本相同时,褶皱轴面产状也与两翼产状基本一致(即为等斜褶皱)。对于两翼产状不等或一翼倒转的褶皱,无论是背斜还是向斜,其轴面大致是与倾角较小一翼的倾斜方向近于一致,除平卧褶皱和等斜褶皱外,轴面倾角一般大于缓翼倾角,小于陡翼倾角。

4. 枢纽产状和轴迹的确定

对于轴面近直立或陡倾斜的倾伏褶皱以及地形比较平缓的情况下,褶皱的枢纽产状和轴迹的判定如下:若地形平坦且褶皱两翼倾角变化不大,两翼地层界线基本上平行延伸,可认为褶皱枢纽水平;若两翼岩层走向不平行,或两翼同一岩层界线呈交会或弧形转折弯曲,则可认为褶皱枢纽是倾伏的,倾伏背斜两翼同一岩层界线在枢纽倾伏处交会成 V 形或弧形的凸侧或 V 形尖端指向枢纽倾伏方向。向斜则与之相反。此外,沿褶皱延伸方向核部地层出露的宽窄变化也能反映出枢纽的产状,核部变窄或闭合的方向就是背斜枢纽倾伏的方向,或向斜枢纽扬起的方向(图 8-1)。通过褶皱各层界线转折端点的连线,即为轴迹。

对于轴面呈中等或是缓倾斜的倾伏褶皱,以及地形起伏复杂的情况下,在大、中比例尺地质图上,褶皱岩层界线弯曲转折端点的连线既不能代表枢纽倾伏方向,也不一定是轴迹。因此,在阅读褶皱区地质图时,要综合分析褶皱两翼产状、褶皱岩层界线的分布形态与岩层产状和地形的关系等,这样才能对褶皱有正确的认识。根据两翼产状用极射赤平投影方法或几何作图方法来确定枢纽和轴面产状是可靠的方法。

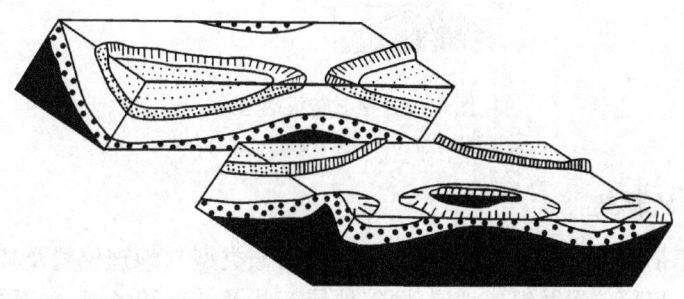

图 8-1　枢纽起伏在平面及纵剖面上的表现

5. 倒转翼的确定

若有倒转翼,则倒转翼的岩层倾角沿翼部向倾伏端方向由缓变陡(图 8-2 中从 C 到 A),到倾伏端转折附近岩层会出现产状直立(图 8-2 中 A 处)。在褶皱倾伏端和翼部,岩层露头宽度一般比在倾伏端附近直立的产状部分露头宽度要宽,这主要是受倒转翼产状变化的影响。因此,如果褶皱岩层露头从翼部向倾伏端追踪,在倾伏端转折附近,露头宽度出现特别变窄的现象,那么该翼可能是倒转翼。在倒转褶皱中,岩层呈直立处(一般在转折端的附近)的岩层走向的一端反映了枢纽的倾伏方向,其走向与枢纽方向呈直交处的岩层倾角等于枢纽倾伏角。

本书中判断两翼产状的方法适用于形态和产状较简单的褶皱,而对于倾竖褶皱、平卧褶皱和斜卧褶皱或地形变化复杂时则不适用。

6. 转折端形态认识

在地形较平缓的情况下,对于轴面直立或陡倾斜的倾伏皱褶,其在地质图上褶皱倾伏端的地层界线的弯曲形态,大致可反映褶皱在剖面上转折端的形态(图 8-3)。

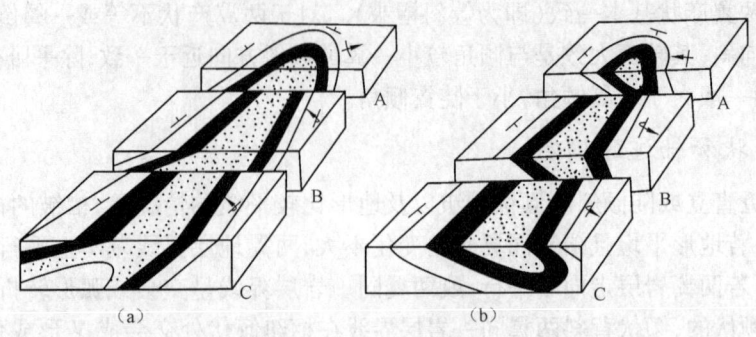

图 8-2 倒转褶皱
(a)倒转背斜;(b)倒转向斜

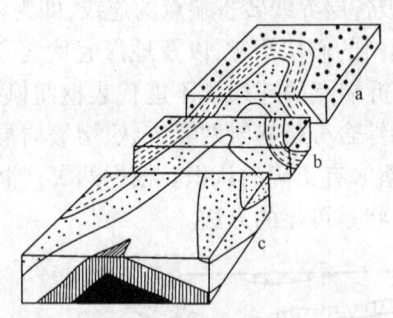

图 8-3 褶皱转折端形态
a—箱状背斜;b—圆弧背斜;c—尖棱背斜

7. 褶皱形态的描述

一般褶皱形态描述内容包括褶皱名称(地名加褶皱类型)、地理位置及其所在区域构造部位、分布延伸情况、核部位置及组成地层、两翼地层产状及转折端形态、轴面及枢纽产状、次级褶皱分布与特征及褶皱被断层或侵入岩体破坏情况等。现举例描述如下,以供参考(据1:20万南江幅地质图说明书):"大两会背斜位于汉王山复式向斜南侧,西起彭家沟,向东经大两会,于王家坪倾伏,长约49km;背斜走向近东西向,开阔对称,两翼地层倾角约50°~60°,枢纽具波状起伏,倾伏角约3°~15°。核部在大两会一带出露寒武系,两翼依次为奥陶系至三叠系岩层。在东、西两端枢纽倾伏处,次级褶皱发育,成指状分支,延伸不远,一般达8~9km,随主褶皱一起逐渐倾伏消失。"

8. 褶皱形成年代的确定

褶皱形成年代主要根据地层间的角度不整合接触关系来确定。若在不整合面以下,褶皱形成于不整合面以下的最新地层时代之后、不整合面以上的最老地层时代之前。如图 8-4 所示的褶皱形成于中志留世之后、中泥盆世之前。

(二)褶皱组合形式的认识

在逐个分析了图区的背斜、向斜之后,再根据同一构造层各个褶皱的轴迹排列形式和剖面上的褶皱组合特征,来确定和描述褶皱的组合形式,如雁列式、穹盆构造、隔挡式、隔槽式或复背斜、复向斜等。

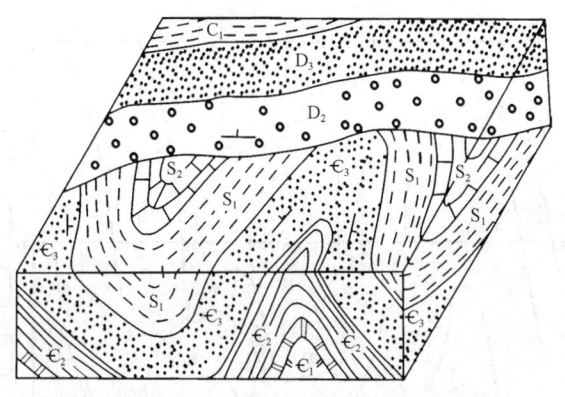

图8-4 根据不整合确定褶皱形成年代

(三)褶皱地区铅直剖面图的绘制

1. 分析地质图上地形和褶皱要素特征

分析地层界线的弯曲是跟岩层产状与地形的影响有关还是跟次级褶皱有关,如是次级褶皱,在剖面上反映出来。对地质图上褶皱区褶皱的两翼、轴面、轴迹等要素的产状进行判别和确认。

2. 选定剖面位置

剖面线应尽可能垂直于褶皱轴迹的延伸方向,且能通过全区主要褶皱构造,剖面线需标绘在地质图上(图8-5)。

3. 绘出地形剖面图

绘制方法见实习三。

4. 标出背斜和向斜

在剖面线上和地形剖面上用铅笔标出背斜(如"∧")和向斜(如"∨")位置。除标出明显的褶皱外,剖面附近可能隐伏延展到剖面切过处的次级褶皱,也要将其轴迹线延伸,其与剖面线相交处,也在剖面线和地形剖面上标出相应位置。

5. 绘出褶皱形态

将剖面线切过的地层界线的交点和褶皱(包括次级褶皱)的转折端位置都投影到地形剖面上。在绘制褶皱构造时应注意以下几点:

(1)剖面切过不整合界线时,应先画不整合面以上的地层和构造,然后再画不整合面以下的地层和构造;被不整合面所掩盖的地质界线和构造,可顺其延伸趋势延至剖面线上(图8-5中的m点),再将该点投影到不整合面,从此点绘出不整合面以下的地层界线和构造。

(2)剖面切过断层时,应先画断层,然后再画断层两侧的地层和构造。

(3)绘褶皱构造应先从褶皱核部地层界线开始,逐次绘出两翼,并要注意表现出次级褶皱。

(4)剖面线与地层走向斜交时,应将地层倾角换算成剖面方向上的视倾角画入剖面,如剖面切过的地点无岩层产状数值,可按同一翼最邻近的产状数据来画。

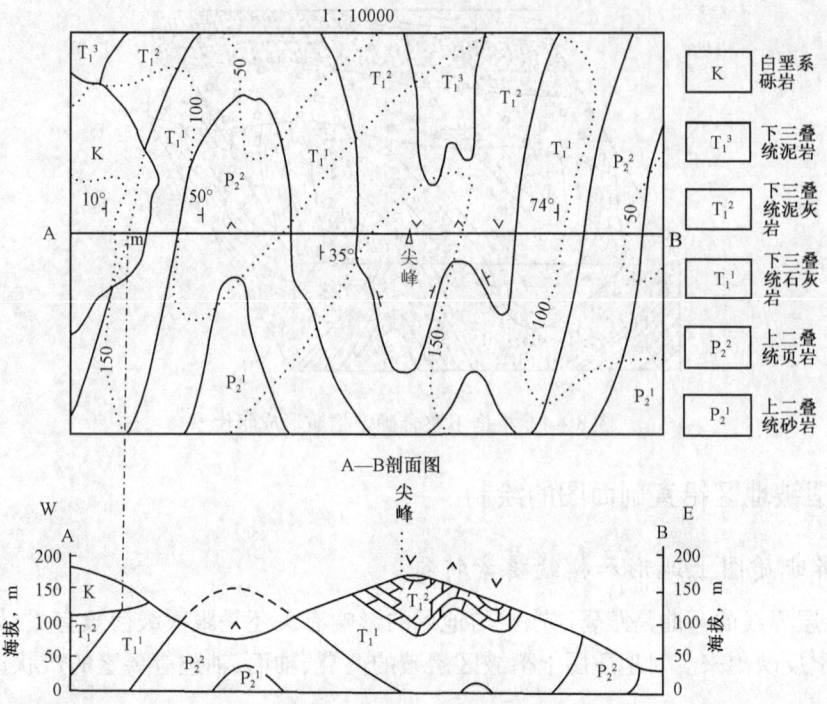

图 8-5　褶皱构造剖面图的绘制

(5)褶皱同一翼的相邻岩层的倾角相差较大,上、下岩层又是整合接触关系,这可能是岩层倾角局部变陡或变缓的表现,可按两翼同一岩层厚度基本不变的前提,在地表处的岩层倾角可按所测量值绘,向深处则加以适当修正,使之逐渐与主要产状协调一致(图 8-6)。

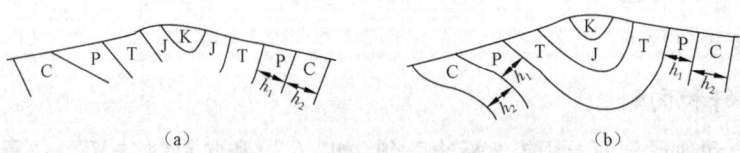

图 8-6　根据同一岩层厚度不变校正同翼岩层产状
(a)校正前;(b)校正后

(6)轴面直立或近于直立的褶皱转折端的形态与其在平面上的倾伏端露头形态大致相似,在绘转折端形态时也可根据枢纽倾伏角作纵向切面,求出到所作剖面处核部地层枢纽的深度,然后结合该层两翼倾角及枢纽位置绘成圆弧(图 8-7)。

6. 整饰

按图 1-1 的地质剖面图内容和格式来进行整饰。

(四)褶皱横截面图的绘制方法

褶皱横截面是在垂直于褶皱枢纽的横截面上进行投影而成的。这种图将地质图转动到便于顺着褶皱枢纽倾伏方向进行观察的位置,顺着枢纽倾伏方向观察产生缩短视线的"侧瞰构造"的效应(图 8-8)。这种图是从地质图上用正投影方法绘制的,因此,一张反映褶皱构造形态出露较完整、标明有枢纽产状的良好的地质图是绘制横截面图的基础。一幅横截面图只能

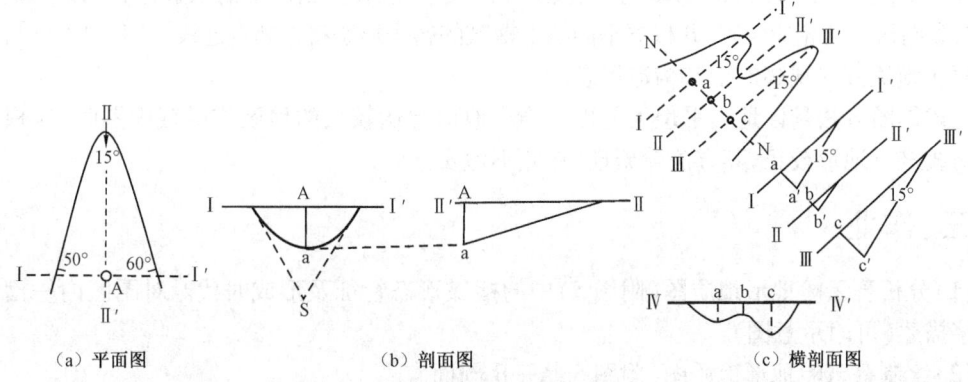

(a)平面图　　　　　(b)剖面图　　　　　(c)横剖面图

图 8-7　绘褶皱转折端形态的方法

反映褶皱枢纽倾伏向和倾伏角基本不变的那一个区段的褶皱形态特征,如果枢纽产状有变化,则要把图区划分成若干均匀区段来绘制各区段的横截面图,即横截面图所反映的是圆柱状褶皱。横截面图绘制方法步骤介绍如下:

(1)在地质图上画等间距方格:其纵轴与褶皱枢纽倾伏方向平行,横轴则与之垂直[图8-9(a)中1、2、3等及A、B、C等]。

(2)作横截面图上的网格:横截面图垂直于纵轴,基线与横轴平行并等长。平行枢纽方向的纵坐标[图8-9(a)、(c)中的1、2、3等]之间的间距保持不变,而垂直枢纽的横坐标[图8-9(a)中的A、B、C等]之间的间距则按 $h' = h\sin\theta$ 公式来计算(公式中 h 为原坐标间距,θ 为枢纽倾伏角),或用作图法求出[图8-9(b)],于是画出横截面的网格,其中 A′、B′、C′等是按缩短后的间距画的。

图 8-8　横截面图的投影原理

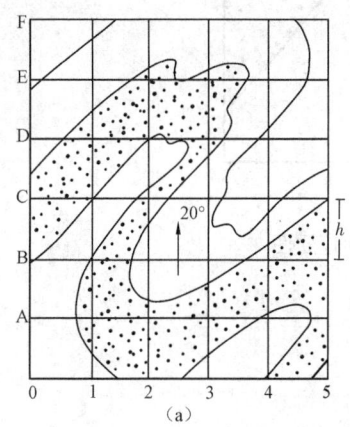

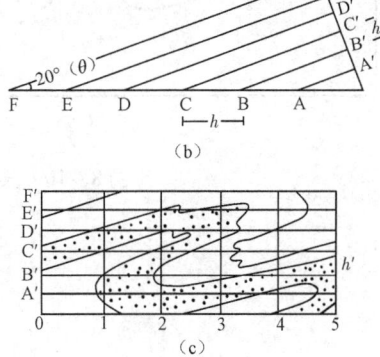

图 8-9　褶皱横截面图的绘制

(a)地质图上画上等间距方格;(b)计算横截面上横坐标间距缩短;(c)横截面图
h—原来的方格间距;h'—缩短后的新间距;θ—枢纽倾伏角

(3)将平面图上的褶皱层界线与纵、横坐标的交点,按在方格网上的位置绘制到横截面图上坐标投影网格上的相应位置,并根据平面图上褶皱的露头形态将相邻点连线[图 8-9(c)],即得出顺枢纽倾伏方向观察的褶皱构造形态。

上述作图方法是以地面平坦为前提。当在地形起伏较大的地区作横截面图时,应根据地形等高线进行地形校正,其方法较繁琐,在此不做赘述。

三、作业

(1)分析暮云岭地形地质图(附图 5)中的褶皱形态特征及形成时代。对图区内一褶皱进行文字描述(可附示意图)。

(2)绘制暮云岭地形地质图(附图 5)A—B 剖面。

(3)图 8-10 为某地平面地质图,图区的褶皱枢纽向正北倾伏,倾伏角为 30°,试绘制该图区的横截面图。

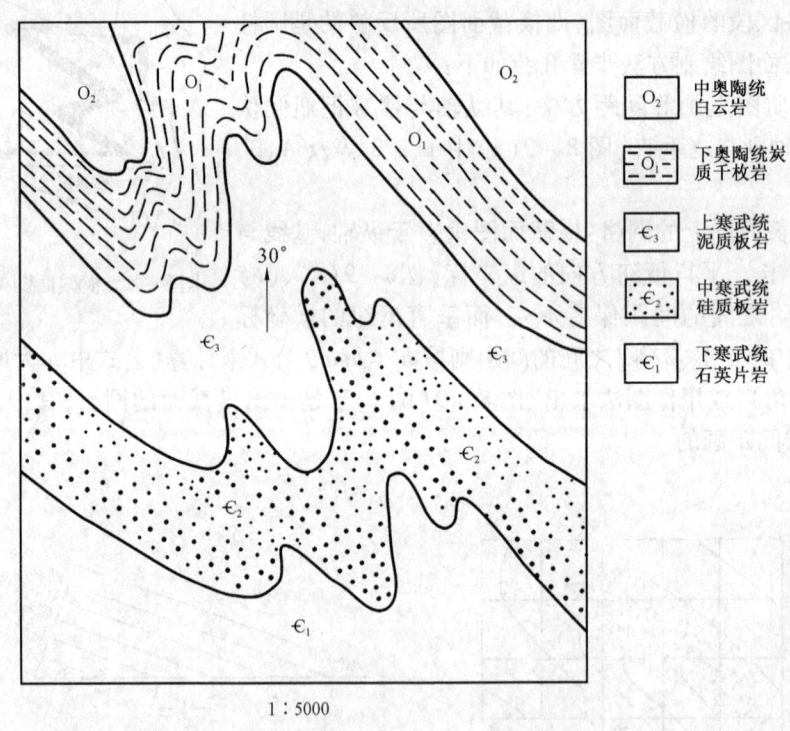

图 8-10 某地平面地质图

实习九 编制和分析构造等高线图

一、目的和要求

(1)学会根据岩层标准高度(或埋藏深度)资料,编制构造等高线图。
(2)学会认识构造等高线所反映的构造形态。

二、说明

构造等高线图是用等高线来反映特定岩层的顶面或底面(或某一构造)起伏形态的一种构造图,又称构造等值线图。这种图定量地、醒目地反映地下构造,特别是褶皱构造形态。这是油气田、煤田和一些层状矿床勘探和开采中经常要编制的一种图件。

本次实习以钻孔资料为例来介绍构造等高线图的编制方法。

(一)编制构造等高线图

1.换算目的层层面标高

所谓目的层是指选定用来反映地下构造的一个特定的岩层或矿层。要绘目的层面的等高线就必须测定换算出它在各处的标高。如图9-1所示,每个钻孔孔口地面标高减去到达目的层面的孔深,即得出每个钻孔处目的层层面标高。如钻孔A,地面标高是350m,到目的层面的孔深是325m,则在A点目的层层面标高为25m。

2.将计算结果标在地形图各个点上

图9-2中"$\circ\frac{5}{55}$","$\circ$"为钻孔位置,"5"为孔号,"55"为该点目的层层面标高。

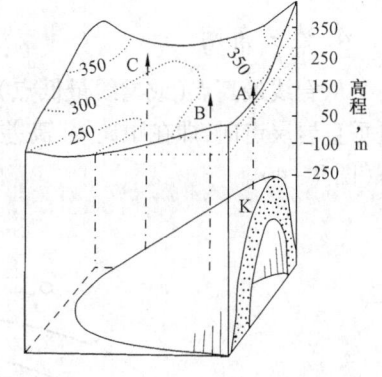

图9-1 换算目的层层面标高示意图

3.分析目的层层面高程的变化规律

找出层面最高点或最低点及高程突变位置(往往是可能存在断层的显示),分析层面高程变化趋势,初步确定构造形态类型和枢纽或脊线、槽线方位。如图9-2所示,以11号孔为中心,附近各点高程变化特点是,向北西和南东方向变低,向北东方向也逐渐降低,可以判断这是一个枢纽向北东倾伏的背斜,沿孔11-孔9-孔7的连线应大致是背斜枢纽或脊线的位置。

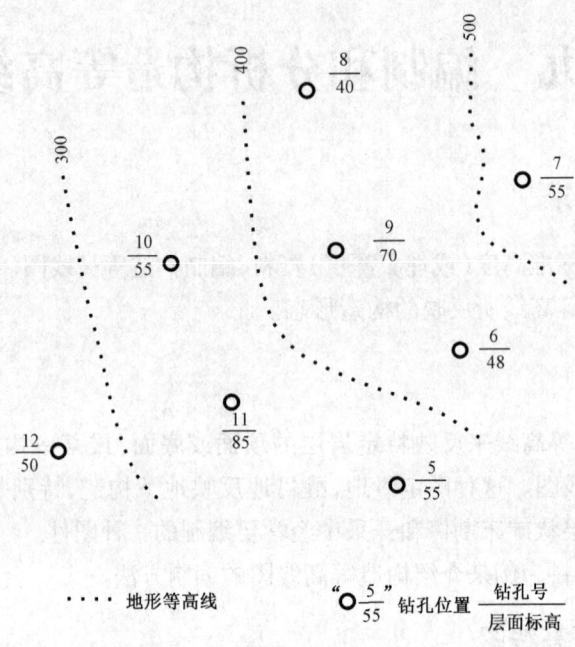

图9-2 钻孔分布及目的层标高

4. 连三角网

从脊线最高点(或槽线最低点)开始,向相邻点连线,构成三角网(图9-3)。连线时应尽量垂直岩层走向,即在距离短、高差较大的方向连线,避免将不同翼上点相连,以免歪曲构造形态(图9-4)。

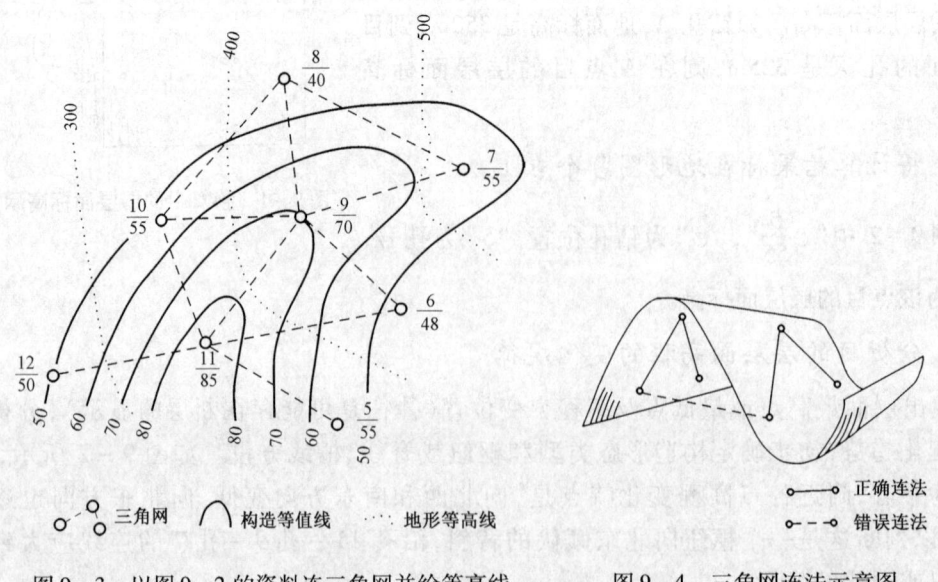

图9-3 以图9-2的资料连三角网并绘等高线 　　图9-4 三角网连法示意图

5. 用插入法求等高线点

用透明方格纸作高程差线网,按所定的等高线距,在三角网格边线上用内插法求出等高距点。高程差线网用法如图9-5所示,2号孔层面标高为65m,3号孔层面标高为82m,二者高差17m。按等高线间距为10m,应在两孔之间线段上求出70m和80m两高程点位置。将差线网盖在图上,使其某一基线与2号孔吻合,此基线即为65m,用大头针固定2号孔,转动高程差线网,使其基线起算与3号孔标高相等的网上的一条线与3号孔重合,则高程差线网中相对应的70m和80m线与2、3连线的交点,即为所求的等高线点。

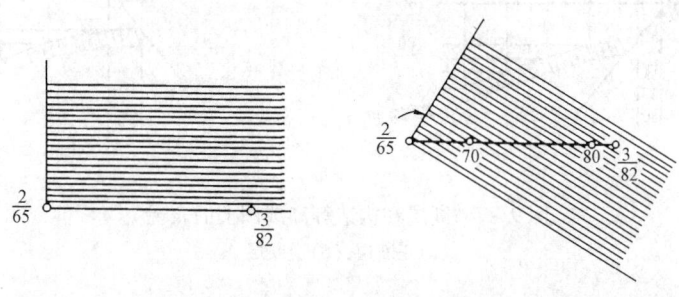

图9-5 用高程差线网求等高线点

6. 绘等高线

以平滑曲线连接等高点即得出等高线(图9-3)。连线时应从最高点(或最低点)线向外依次完成。绘等高线时要注意相邻等高线形态的协调,也要注意高程的突变,以免遗漏断层。

(二)分析构造等高线图

类似于用地形等高线图分析认识地形起伏形态一样,用构造等高线图可以认识和分析由目的层面起伏形态所反映的构造特征。

1. 构造类型

如图9-6所示等高线圈闭形态和高程变化,直接定量地表现出背斜、向斜和一些褶皱形态变化的细节。若出现等高线的错开或重叠等异常现象则为断层(图9-7)。

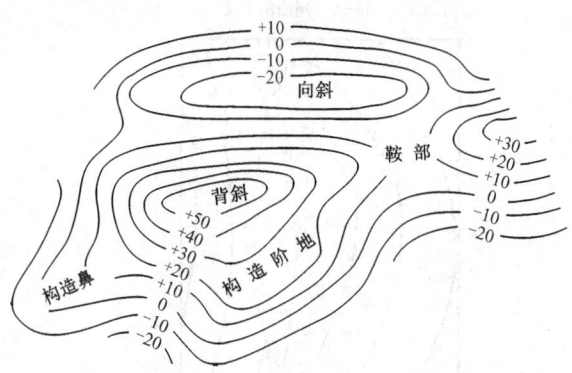

图9-6 褶皱形态在构造等高线图上的表现(单位:m)

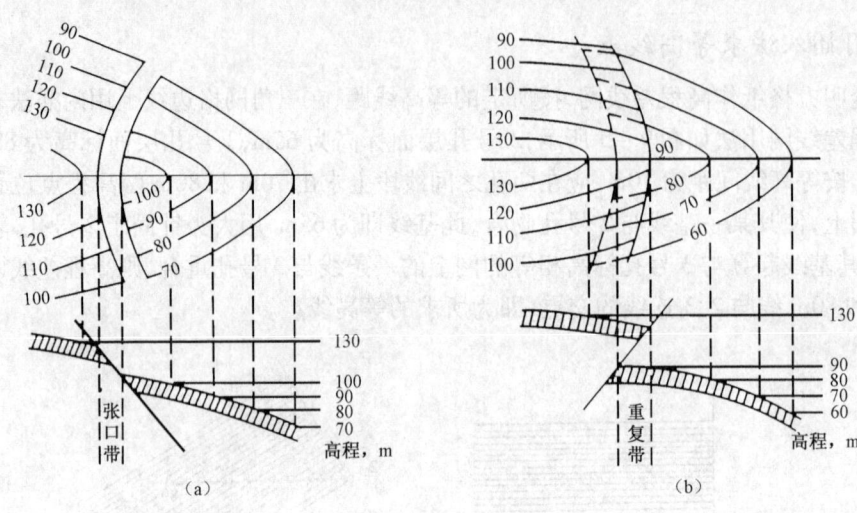

图9-7 断层在构造等高线图上的表现
(a)正断层;(b)逆断层

2. 构造的产状变化

等高线延伸方向反映岩层走向及其变化,等高线的疏密反映了岩层倾角的陡缓,用作图法可在构造等高线图上求出层面各点的产状。用实线和虚线的重叠表现出岩层倒转(图9-8)。沿轴向等高线的疏密及高程变化,反映枢纽或脊(槽)线的纵向起伏变化。

3. 构造组合

在较大区域的构造等高线图上,可以看到地下的褶皱及褶皱与断层的组合关系。如果构造图资料较丰富、编制较精细,还可以反映出次级构造形态。

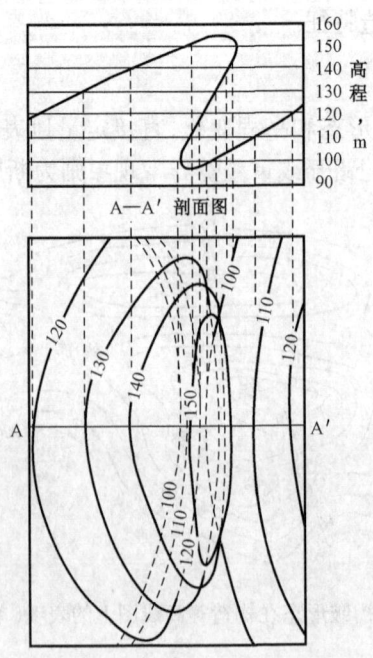

图9-8 倒转褶皱在构造等高线图上的表现

三、作业

实习用图:凉风垭地区地形图(附图6)。

(1)根据表9-1中凉风垭地区由钻孔资料所得的中侏罗统介壳灰岩顶面标高资料,在凉风垭地形图上绘制中侏罗统介壳灰岩顶面等高线图(等高线间距为10m或5m)。所有钻孔和编号以及大部分目的层标高已标注在地形图上,部分未注出标高的钻孔,可根据钻孔地面高程和钻孔深度换算出该点标高,并填在表内和标注在图上相应孔位上。

(2)分析所绘出的构造等高线图上的构造形态,并作简要描述。

表9-1 凉风垭地区 J_2 介壳灰岩深度及顶面标高数据

钻孔号	深度 m	目的层标高 m	钻孔号	深度 m	目的层标高 m	钻孔号	深度 m	目的层标高 m
1	180	70	11	190		21	207	
2	195	80	12	233	60	22	180	
3	235	60	13	205	70	23	198	
4	305	40	14	223	60	24	195	
5	249		15	220	70	25	220	80
6	210		16	220	90	26	200	80
7	170	100	17	200	100	27	207	
8	190	70	18	240	70	28	175	70
9	200	70	19	205	95	29	155	
10	170	100	20	196		30		

实习十　编制和分析节理玫瑰花图

一、目的和要求

(1) 整理节理资料和绘制节理玫瑰花图。
(2) 分析节理玫瑰花图反映的构造意义。

二、实习用具

方格纸、量角器、直尺、H 铅笔。

三、说明

节理玫瑰花图以图示的方式直观表达节理的空间方位和发育程度,是节理统计的重要方式之一。节理玫瑰花图包括节理走向玫瑰花图、节理倾向玫瑰花图和节理倾角玫瑰花图。节理走向玫瑰花图表示节理的走向,只作上半圆,圆周方位代表节理的平均走向,半径长度代表节理条数。节理倾向玫瑰花图表示节理的倾向,为整圆,圆周方位代表节理的平均倾向,半径长度代表节理条数。节理倾角玫瑰花图表示节理的倾角,圆周方位代表节理的平均倾向,半径长度代表节理组平均倾角。节理倾向玫瑰花图和节理倾角玫瑰花图常重叠编制。

(一) 绘制节理走向玫瑰花图

1. 资料的整理

首先需要将野外测得的节理走向,转换成 NE 和 NW 向,即将节理走向控制在 0°~89°和 270°~359°之间。

然后按其走向方位角对节理进行分组。其中,分组间隔大小可依具体情况而定,习惯上采用 5°或 10°为一间隔,如分成 0°~4°、5°~9°、10°~14°……;或 0°~9°、10°~19°、20°~29°……

最后,分别用各组方位角度数之和除以相应组的节理总数目,计算出每组节理平均走向,如 10°~14°组内,有走向为 10°、11°、12°三条节理,则其平均走向为 $\frac{10°+11°+12°}{3}=11°$。将统计整理好的数值,填入表中(表 10-1)。

表 10-1　天平山 8 号观测点节理统计资料

方位间隔	节理数目	平均走向	方位间隔	节理数目	平均走向
0°~9°			40°~49°	21	45.9°
10°~19°	5	14.8°	50°~59°		
20°~29°	6	22.2°	60°~69°		
30°~39°			70°~79°		

续表

方位间隔	节理数目	平均走向	方位间隔	节理数目	平均走向
80°~89°			310°~319°	16	314.8°
270°~279°			320°~329°		
280°~288°	3	282.7°	330°~339°		
290°~299°			340°~349°		
300°~309°	10	304.2°	350°~359°		

2. 确定作图比例尺及坐标

以任意长度 R 为半径，画半圆。作出过圆心的南北线及东西线，同时在圆周上标明方位角。南北线与圆周的交点方位角度数为0°或360°。一般的，R 的长度根据作图的大小情况而定，代表数目最多节理组的节理数目（图10-1）。

3. 找点连线

依次从0°~9°节理组开始，根据平均走向方位角确定过圆心向圆周的半径方向，然后计算该节理组的长度，即 $L = \dfrac{A_i}{A_{\max}} \cdot R$，其中 L 为 i 节理组长度，A_i 为第 i 组节理总条数，$A_{\max}$ 为数目最多节理组的节理条数，R 为半圆半径长度。最后，在已确定半径方向上自圆心向圆周量取长度 L，点出投影点，此点即代表该组节理平均走向和节理数目。代表各组节理的点确定后，顺次连接相邻组的点（如某一方位无节理，则连至圆心），即得到节理走向玫瑰花图。

4. 注明图名和比例尺

在已经做好并整饰完毕的图上，注明图名和比例尺。比例尺一般用线条表示，一定长度代表节理的条数或次数（图10-1）。

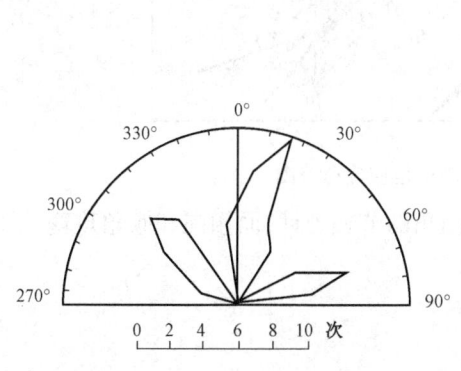

图10-1 节理走向玫瑰花图

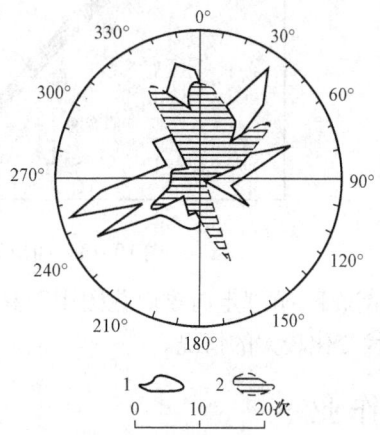

图10-2 节理倾向、倾角玫瑰花图
1—倾向玫瑰花图；2—倾角玫瑰花图

（二）绘制节理倾向玫瑰花图

节理倾向玫瑰花图是在整圆上编制完成的，圆周方位代表每组节理的平均倾向，半径长度代表该组节理的条数（图10-2）。根据走向方位角和倾向换算出倾向方位角或直接利用倾向方位角,进行节理倾向方位角分组,求出平均倾向和各组节理数目,作图方法与节理走向玫瑰花图相同。

(三) 绘制节理倾角玫瑰花图

节理倾向、倾角玫瑰花图一般重叠画在一张图上。作图方法是按节理倾向分组,求出每组节理的平均倾角,然后用节理的平均倾向和平均倾角作图,圆半径方向上的长度代表平均倾角,圆心为0°,圆周为90°。点的连线方法与上述两种作图方法一致。作图时,在平均倾向线上,沿半径按比例找出代表平均倾角的点,最后将各点连成折线(图10-2),即得倾角玫瑰花图。

(四) 节理玫瑰花图的分析

节理玫瑰花图能比较清楚地反映出主要节理的走向、倾向和倾角,配合节理性质、节理共轭关系分析,有助于分析区域构造。

为便于区域地质构造分析,常把节理玫瑰花图按测点位置标绘在地质图上(图10-3),这样可以更好地反映出不同构造部位构造变形的关系。根据节理玫瑰花图的特征,能够分析出局部应力状况,还可以大致确定出主应力轴的性质和方向。

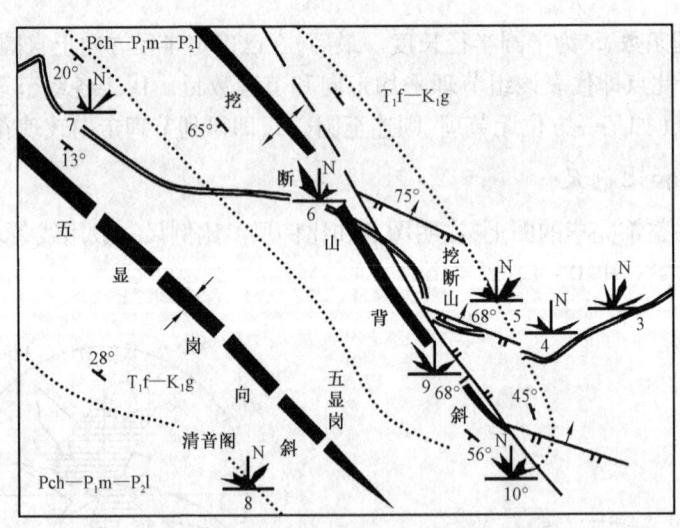

图10-3 四川峨眉挖断山地质构造略图

一般情况下,节理走向玫瑰花图用于具有陡倾角的节理统计,而倾向和倾角玫瑰花图多用于节理产状变化较大的情况。

四、作业

1. 绘制天平山节理走向玫瑰花图

表10-1是根据天平山8号观测点的节理测量资料(表10-2)按方位间隔加以整理的结果,对其中尚未统计整理的,应补充整理填入表10-1中,然后根据整理后的表10-1中节理资料作节理走向玫瑰花图。

2. 绘制天平山节理倾向玫瑰花图

根据天平山 8 号观测点的节理测量资料(表 10-2),对走向和倾向进行转换。按倾向方位角间隔分组,进行资料整理,最后根据整理后的节理资料作节理倾向玫瑰花图。

表 10-2 天平山 8 号观测点节理测量记录

走向	倾角及倾向	走向	倾角及倾向	走向	倾角及倾向
3°	∠75°SE	36°	∠74°NW	302°	∠73°SW
3°	∠76°NW	36°	∠74°SE	304°	∠79°NE
4°	∠73°SE	44°	∠75°SE	304°	∠80°SW
5°	∠72°SE	44°	∠84°SE	305°	∠75°NE
5°	∠75°NW	45°	∠78°NW	305°	∠78°SW
5°	∠79°NW	45°	∠80°NW	306°	∠74°NE
5°	∠85°NW	45°	∠80°SE	306°	∠80°SW
5°	∠87°NW	45°	∠85°SE	307°	∠71°NE
6°	∠71°SE	46°	∠74°NW	312°	∠73°SW
6°	∠78°NW	46°	∠76°NW	313°	∠74°NE
6°	∠84°NW	46°	∠78°SE	313°	∠75°NE
7°	∠80°NW	46°	∠81°SE	314°	∠75°SW
14°	∠71°NW	46°	∠82°SE	314°	∠78°SW
14°	∠71°NW	46°	∠82°SE	314°	∠78°SW
14°	∠75°NW	46°	∠83°SE	314°	∠79°NE
16°	∠71°SE	46°	∠83°SE	314°	∠80°SW
16°	∠75°NW	46°	∠85°SE	315°	∠80°NE
21°	∠73°SE	46°	∠86°SE	315°	∠83°NE
21°	∠74°SE	47°	∠76°NW	315°	∠87°NE
22°	∠75°SE	47°	∠80°SE	316°	∠78°SW
23°	∠74°SE	47°	∠84°SE	316°	∠79°SW
23°	∠78°SE	47°	∠85°SE	316°	∠86°NE
23°	∠80°SE	48°	∠76°SE	317°	∠75°SW
33°	∠75°SE	281°	∠72°NE	319°	∠80°NE
34°	∠72°SE	282°	∠73°NE	321°	∠71°NE
34°	∠72°NW	285°	∠75°SW	324°	∠71°NE
34°	∠73°SE	292°	∠70°NE	325°	∠73°NE
34°	∠74°SE	293°	∠70°NE	325°	∠75°NE
34°	∠75°NW	294°	∠75°SW	325°	∠75°NE
35°	∠72°NW	294°	∠79°NE	325°	∠78°NE
35°	∠72°NW	295°	∠75°NE	326°	∠77°NE
35°	∠75°SE	296°	∠72°SW	327°	∠75°SW
35°	∠74°NW	301°	∠77°SW	329°	∠74°NE

实习十一 编制节理极点图和等密图

一、目的和要求

学会编制和分析节理极点图和等密图。

二、说明

节理极点图和等密图是表达节理发育程度和方位的重要图件,是节理统计分析的常用方法。节理极点图可采用多种投影网进行编制,节理极点的投影方法相似,但节理数量统计方法(工具)不同。

(一) 节理极点图的编制

利用施密特网进行节理极点图编制时,基圆的圆周方位表示倾向,由0°到360°,半径方向表示倾角,由圆心到圆周为0°~90°。作图时,把透明纸蒙在网上,标明北方(方位角为0°),当确定某一节理倾向后,再转动透明纸至东西向(或南北向)直径上,依其倾角定点,该点称为极点,即代表这条节理的产状。重复上述步骤,可得到观察点各条节理的极点。

上述方法需不断地旋转透明纸,比较麻烦,为避免转动透明纸,可用与施密特网投影原理相同的极等面积投影网(赖特网)(图11-1)。网中放射线表示倾向(0°~360°),同心圆表示倾角(由圆心到圆周为0°~90°)。作图时,用透明纸蒙在该网上,投影出相应的极点。如一节

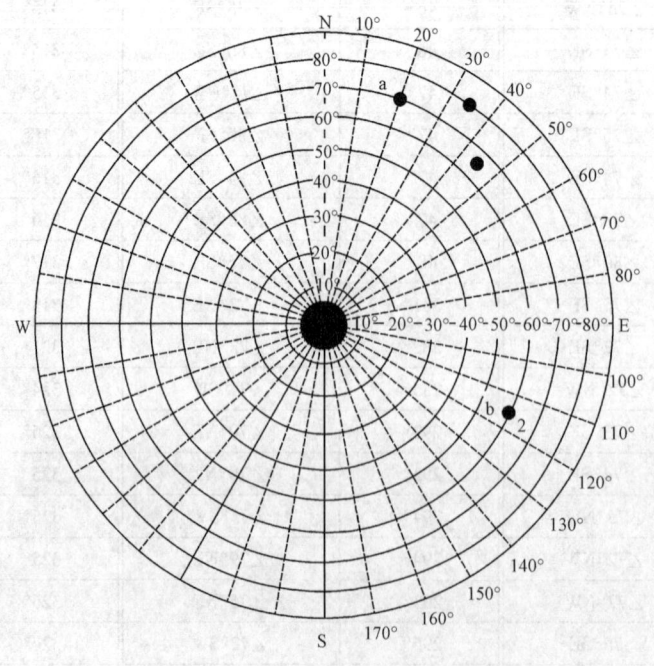

图11-1 极等面积投影网(赖特网)

理产状为 NE20°∠70°,则以北为 0°,顺时针数 20°(即倾向),再由圆心到圆周数 70°(即倾角),定点为节理法线的投影,即极点,该点就代表这条节理的产状(图 11-1 中 a 点)。若产状相同的节理有数条,则在点旁注明条数(图 11-1 中 b 点)。把观测点上的节理都分别投成极点,即成为该观测点的节理极点图。有时,为了区分不同力学性质、不同规模、不同矿化的节理与褶皱、断层的关系,可分别作图。

(二) 节理等密图的编制

节理等密图是在极点图的基础上编制的,其编制步骤如下:

1. 作方格网

在透明纸极点图上作方格网(或在透明纸极点图下垫一张方格纸),网线平行于 E—W 和 S—N 方向线,网线间距等于大圆半径的 1/10(图 11-2)。

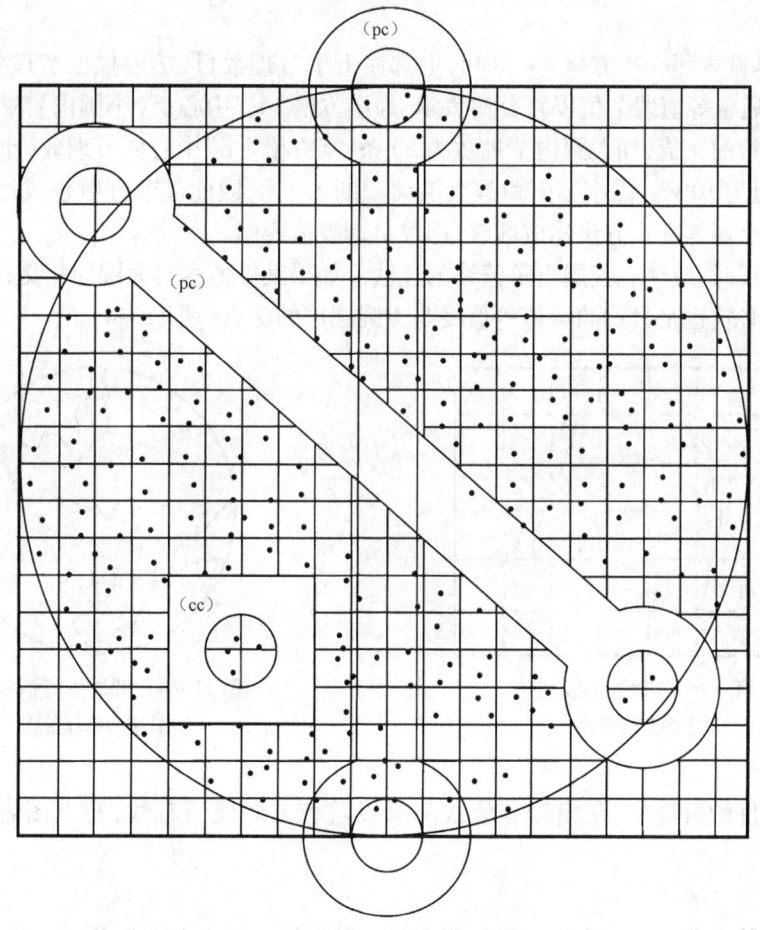

图 11-2 用密度计统计节理极点数

2. 统计节理数

1) 工具

在极点图上统计节理所使用的工具是中心密度计和边缘密度计。中心密度计是中间有一小圆的四方形胶板或硬纸板,小圆半径是大圆半径的十分之一。边缘密度计是两端有两个小圆的长条胶板,小圆半径也是大圆半径的1/10,两个小圆圆心连线,其长度等于大圆直径,中间有一条纵向窄缝,便于转动和来回移动(图11-2)。

2)统计

先用中心密度计从左到右、由上到下、顺次统计小圆内的节理数(极点数),并注在每一方格"+"中心,即小圆中心。小圆圆周上的点计1/2条。在基圆圆周附近,当中心密度计小圆圆心与方格的"+"重合时,一部分小圆落在基圆外边,即为残缺小圆,此时需用边缘密度计统计。将边缘密度计的一端小圆圆心与方格的"+"叠合,将两端小圆内的极点数加起来(正好是小圆面积内极点数),记在有"+"中心的那一个残缺小圆内。小圆圆心不能与方格的"+"中心重合时,可沿窄缝稍作移动和转动。如果基圆正好切过方格的"+",即两个小圆中心均落在基圆圆周上,则在圆周的两个圆心上都记上相加后得到的节理数。有时,可根据节理产状特征,只统计密集部位极点,稀疏零散极点可不进行统计。

3)连线

统计后,基圆内每一小方格"+"中心上都注上了节理数目,然后根据节理条数连等值线(图11-3)。通常等值线数值以百分比表示,即小方格"+"中心上(小圆内)的节理数与基圆大圆内总节理数的比值,如大圆内节理数为50条,某方格"+"中心的节理数(小圆内节理数)为5条,则比值为10%。因小圆面积是大圆面积的1/100,因此其节理数也成比例。然后,把百分比相同的点用等高线方法连成曲线,即成节理等值线图。

在连等值线时,应注意圆周上等值线的连法。如果某等值线与大圆周相交,则过该交点的直径的另一端必定也是具相同数值等值线与大圆圆周的交点(图11-4)。

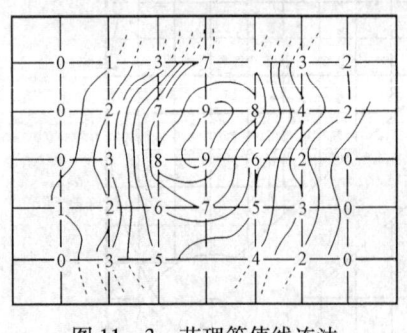 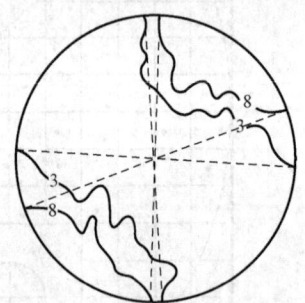

图11-3 节理等值线连法　　　　　图11-4 圆周上等值线连法
　　数字为节理条数　　　　　　　　数字为节理条数

4)修饰

为了使图件醒目清晰,在相邻等值线间可以着色或画线条花纹,写上图名、图例和方位(图11-5)。

5)分析

图11-5是根据400条节理编制的等密图。等值线间距为1/100,图上可清楚地看出有三组节理:1组走向NE50°,倾角直立;2组走向SE130°,倾角直立;3组走向NE25°,倾向南东,倾角20°。1组与2组可能是两组直立的X共轭节理系。然后再进一步结合节理所处的构造部位,分析节理与有关构造之间的关系及其产生时的应力状态。

有时也用吴氏网作极点图,进而编制节理等密图。为了节理统计方便,常用与吴氏网角距相对应的普洛宁网。该网由一系列小圆组成,由中心至圆周小圆半径渐大,但所代表的面积相等。统计时,把用吴氏网投成的透明纸极点图蒙在网上,在每个小圆中心写上小圆内节理的极点数,连各等值线而得等密图。

何作霖根据普洛宁网的绘制原理,绘成一个规尺(图11-6),每20°绘成一个小圆,小圆与小圆的切点就是投影圆心。用时,小规尺可相对固定,其上蒙上透明纸极点图,转动透明纸,把极点数分别写在小圆投影圆心,然后连各等值线而得等密图。用吴氏网投点比用极等面积网投点费时,但用普洛宁网统计要比用密度计统计简便。

节理等密图的优点是,比较全面地表现出节理的倾向、倾角和数目,尤其是在反映节理的优势方位上,非常醒目,缺点是作图工作量较大。目前已有相应的计算机软件,使工作量大大减少。

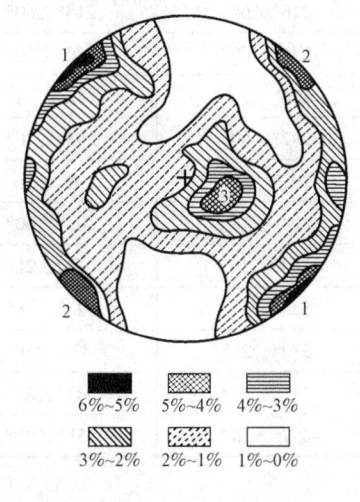

图11-5 节理等密图

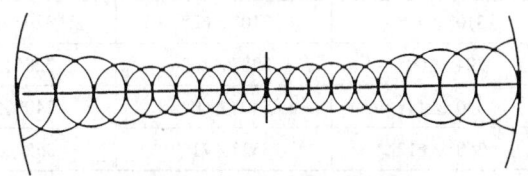

图11-6 统计节理数的规尺

三、作业

根据表11-1节理测定的产状资料(共150个节理),用极等面积投影网编制节理极点图,进而编制节理等密图。测点处岩层产状为NE25°∠69°。

表11-1 某观测点节理测量记录表

5°∠40°	5°∠81°	10°∠10°	11°∠19°	12°∠24°
12°∠70°	13°∠61°	14°∠14°	14°∠64°	16°∠78°
18°∠66°	19°∠76°	20°∠71°	20°∠81°	21°∠68°
22°∠57°	22°∠63°	22°∠78°	24°∠66°	24°∠73°
26°∠81°	27°∠74°	28°∠78°	30°∠45°	30°∠69°
32°∠74°	36°∠60°	36°∠66°	38°∠19°	38°∠35°
38°∠70°	38°∠76°	46°∠66°	64°∠73°	66°∠47°
73°∠60°	79°∠30°	80°∠36°	88°∠34°	91°∠44°
100°∠34°	100°∠46°	103°∠64°	104°∠12°	104°∠52°
105°∠56°	106°∠10°	106°∠69°	107°∠61°	108°∠76°
110°∠68°	111°∠67°	112°∠16°	112°∠63°	113°∠81°

续表

114°∠74°	115°∠58°	116°∠68°	117°∠64°	118°∠79°
119°∠54°	120°∠41°	120°∠74°	121°∠60°	122°∠73°
123°∠73°	125°∠62°	126°∠74°	126°∠90°	128°∠68°
144°∠66°	146°∠74°	150°∠37°	160°∠41°	162°∠90°
168°∠22°	168°∠41°	190°∠62°	191°∠61°	192°∠85°
195°∠78°	196°∠69°	196°∠74°	196°∠81°	198°∠69°
199°∠78°	200°∠70°	201°∠60°	201°∠76°	202°∠66°
204°∠73°	205°∠68°	206°∠76°	206°∠85°	207°∠79°
208°∠62°	208°∠66°	212°∠72°	216°∠64°	218°∠60°
220°∠70°	234°∠52°	238°∠32°	246°∠60°	270°∠90°
279°∠26°	279°∠72°	285°∠70°	286°∠78°	288°∠74°
290°∠60°	291°∠61°	292°∠48°	292°∠80°	293°∠70°
296°∠57°	297°∠76°	298°∠41°	298°∠64°	299°∠56°
300°∠59°	301°∠72°	302°∠82°	304°∠76°	305°∠60°
306°∠42°	307°∠68°	308°∠78°	310°∠20°	310°∠21°
310°∠49°	310°∠62°	310°∠72°	320°∠40°	321°∠78°
324°∠60°	328°∠16°	328°∠74°	330°∠21°	332°∠9°
340°∠14°	340°∠60°	340°∠80°	341°∠18°	347°∠22°
350°∠61°	352°∠71°	355°∠14°	357°∠18°	358°∠23°

实习十二　根据共轭剪节理求主应力方位并绘制主应力迹线图

一、目的和要求

(1)学会根据共轭剪节理用吴氏网求主应力方位。

(2)已知某一地区一系列点的主应力方位,编制该地区的主应力迹线图,恢复该区构造应力场和外力作用方式。

二、绘制主应力迹线图

(1)先对研究区内各个观测点上的共轭剪节理分别做等密度图,然后找出各观测点上的优势产状,再用赤平投影方法求出每个观测点的主应力轴方位(图12-1)。最大或最小主应力轴所在的位置根据实际资料确定。

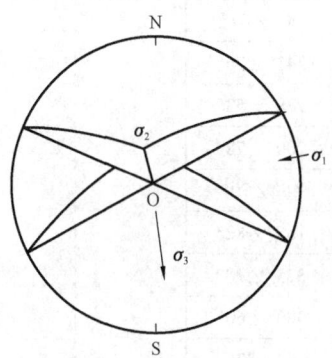

图12-1　用共轭剪节理求主
应力轴方位的赤平投影图

(2)将作出的共轭剪节理和主应力轴的赤平投影图缩小成直径为2cm的投影图,将缩小的投影图按点号标绘在地质图的相应位置,标明点号,投影图要注明"北"(用"N"标记)。

(3)将求得的各点的主应力轴方位,一一转到地质图各测点上,转到平面图上的主应力轴方位是其实际空间位置的水平投影。

(4)作主应力σ_1与σ_3的应力迹线。如果各测点上σ_2是直立或近于直立的,可将相邻测点的主应力σ_1和σ_3分别用断线和点线按其方位连接起来。连线时要注意分析各点主应力轴方位的变化趋势,要连成平滑曲线,勿连成折线。如果两组主应力迹线近于直交,则构成矩形网络。如果各点或大多数点上σ_2的产状不是直立的,则编出的主应力迹线图上的σ_1和σ_3两迹线则不一定直交,这样的主应力迹线图反映的只是主应力趋势。

(5)主断层两侧的主应力迹线一般各自延至断层而终止,不能穿过断层连接,但可以穿过次级派生断层相连。

(6)据主应力轴与剪应力方位的关系,主应力网络的对角线连线大致是两组剪切应力迹线。但是,如果测点分布不均匀或太稀疏,尤其当许多点上 σ_2 的产状与直立产状偏差较大时,其迹线方位与实际情况也可能偏差较大。

(7)注明赤平投影图和主应力迹线的图例。

三、分析应力场及应力作用方式

根据所绘的主应力迹线图的特征,分析研究区的构造应力场及外力作用方式。

四、作业

根据双塘涧地区(附图7)18个观测点的节理资料(表12-1),即用节理等密图求出的各点共轭剪节理的优势产状,完成如下任务:(1)根据各点的共轭剪节理产状,用吴氏网求出各点主应力轴方位(附各点节理赤平投影图);(2)根据各点主应力轴方位,编制该区主应力 σ_1 和 σ_3 的应力迹线图;(3)分析双塘涧地区的构造应力场特点和构造运动方式。(说明:所测的共轭节理反映该区天河水断裂最后一次活动为左行平移。)

表12-1 双塘涧地区节理产状统计数据

观测点号	岩性	节理产状		主应力轴产状			σ_1 所处部位
		Ⅰ	Ⅱ	σ_1	σ_2	σ_3	
1	流纹岩	332°∠53°	60°∠64°				锐角分角线
2	流纹岩	280°∠77°	341°∠76°				钝角分角线
3	石灰岩	190°∠76°	278°∠53°				锐角分角线
4	流纹岩	105°∠80°	200°∠78°				锐角分角线
5	石灰岩	338°∠74°	45°∠70°				锐角分角线
6	石灰岩	107°∠79°	185°∠82°				钝角分角线
7	流纹岩	260°∠72°	325°∠70°				钝角分角线
8	流纹岩	200°∠70°	300°∠60°				锐角分角线
9	石灰岩	102°∠83°	6°∠82°				钝角分角线
10	流纹岩	170°∠70°	70°∠47°				钝角分角线
11	流纹岩	110°∠80°	230°∠65°				锐角分角线
12	流纹岩	66°∠61°	284°∠60°				锐角分角线
13	安山岩	190°∠88°	290°∠81°				钝角分角线
14	白云质灰岩	206°∠80°	133°∠73°				钝角分角线
15	安山岩	30°∠64°	295°∠55°				钝角分角线
16	白云质灰岩	264°∠80°	140°∠79°				钝角分角线
17	白云质灰岩	45°∠45°	120°∠70°				锐角分角线
18	白云质灰岩	139°∠79°	342°∠51°				钝角分角线

实习十三 读断层地区地质图并求断层产状及断距

一、目的和要求

(1)学会分析地质图上的断层性质。
(2)学会在地质图上求断层的产状及断距。

二、分析方法

(一)简略分析断层发育地区的地质特征

分析出露地层,建立地层层序;判断不整合的地质年代;研究不同时代地层的分布并确定其产状;明确发育区内褶皱形态及断层发育情况。

(二)分析断层性质

1.确定断层面的产状

断层线是断层面与地形面的交线,断层面与地形面的交线成 V 字形弯曲,可根据 V 字形法则或通过作图法求出断层面的产状。地质图(图 13-1)中的断层线在河谷中呈指向下游的 V 字形,根据 V 字形法则,断层倾向南西,最后通过作图求得断层产状为 SW230°∠40°。

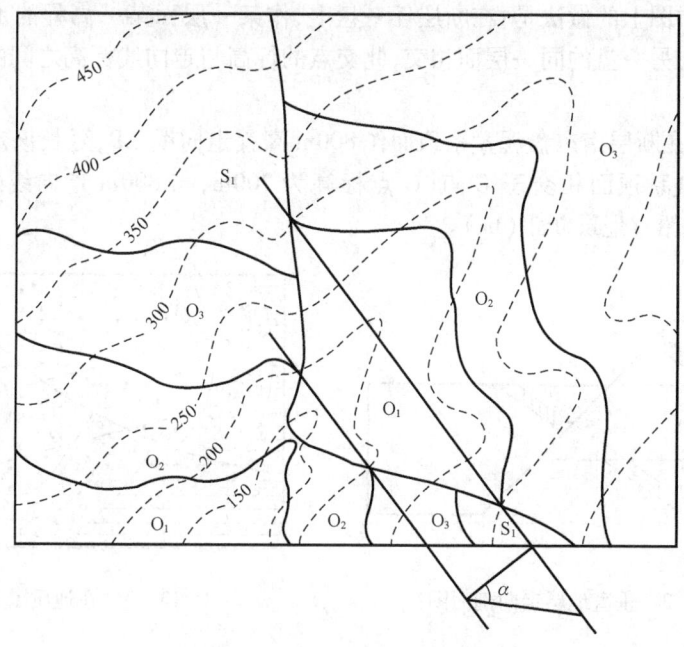

图 13-1 求断层面的产状
图中岩层为单斜,断层面平直

2. 确定断层两盘相对位移

断层两盘经过相对升降、平移并遭受剥蚀夷平后,如两盘在同一等高平面上,则地质图上的露头一般表现出如下规律:

(1) 对于走向断层和纵断层,一般地层较老的一盘为上升盘。但有两种情况相反,一是当断层倾向和岩层倾向一致且断层倾角小于岩层倾角时,二是当地层倒转时。

(2) 当横断层切过褶皱时,向斜核部变窄或背斜核部变宽的一盘为上升盘;平移断层的两盘核部宽窄基本不变。

(3) 当横断层切断斜歪褶皱或者倾斜岩层时,如果地质图上的褶皱轴线或者地层界线发生错动,它可以是由正断层、逆断层或者平移断层造成,此时应比对其他特征来确定位移方向。如果是褶皱造成的地质界线错移,则轴面向其倾斜方向移动的一盘为上升盘;如果是由正断层或者逆断层造成的,则岩层界线沿该岩层倾向移动的一盘为上升盘。

确定了断层的断层面产状和两盘相对位移方向,就可以确定断层的性质了。如图 13-1 所示,断层面倾向西南,上盘(西南方向的一盘)地层相对较新,即为下降盘,是一条上盘下降的正断层。

(三) 测定断距

在地形地质图上,若断层两盘岩层的产状稳定,则在垂直岩层走向方向上可以求出各种断距。

1. 测定铅直地层断距

断层两盘上相同时代的岩层(相当层)之间的铅直距离即为铅直地层断距(图 13-2 中的 hg)。因此,只要在断层两盘上找到两条平面投影重合的等值线,它们的高程差即为铅直地层断距。在地形地质图上的做法是:在断层任一盘上,作某一层面某一高程的走向线,延长此走向线穿过断层线与另一盘的同一层面相交,此交点的标高与走向线标高之间的标高差,为铅直地层断距。

图 13-3 中,在断层南东盘泥盆系顶面作 800m 高程走向线 AB,延长该走向线过断层线,使之与另一盘泥盆系顶面相交于 G 点,G 点标高为 700m,与 800m 走向线之间的高程差为 100m,即为断层的铅直地层断距(hg)。

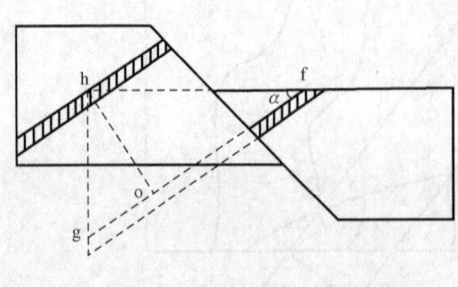

图 13-2　垂直地层走向剖面图

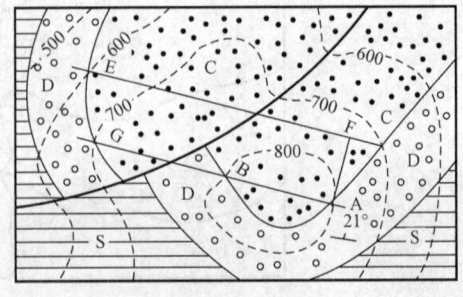

图 13-3　在地质图上求断距

2. 测定水平地层断距

断层两盘上对应层之间的水平距离即为水平地层断距(图 13-2 中的 hf)。因此,在断层两盘上,找到同一层面相同高程的两条走向线,两者之间的垂直距离即为水平地层断距,这也是在地质图上求水平地层断距的依据。

如图13-3所示,断层线两盘泥盆系顶面两条700m高程走向线之间的垂直距离(FA)为1cm,按该图比例尺(假定1:50000),计算该断层的水平断距为500m。

3. 求地层断距

断层两盘上相当层之间的垂直距离即为地层断距(图13-2中的ho)。如图13-2所示,地层断距 ho = hgcosα 或 ho = hfsinα,用作图法求得 hg 和 hf 后,可按上式计算出地层断距。

上述断距的测定,是以岩层被错断后断层两盘岩层产状未发生变化为前提条件,即断层面没有发生旋转。

(四)确定断层形成时代

(1)根据角度不整合:断层一般发生在被其错动的最新岩层之后,而在未被错断的上覆不整合面以上的最老岩层之前。

(2)根据岩体或其他构造的相互切割关系:被切割者的形成时代相对较老。

(3)根据两盘同时代岩层的厚度:经常用于生长断层活动分析。

(五)断层的综合描述

一条断层的描述内容一般包括:断层名称(地名+断层类型,或者用断层编号),断层位置,断层走向,通过的主要地点,延伸长度,断层面产状,断层两盘出露的地层及其产状,地层的重复、缺失和地质界线的错开,两盘相对位移方向和断距的大小,断层的形成时代及力学成因,断层与其他构造的关系等。

现将金山镇地质图(附图8)西部的纵断层,描述如下:

奇峰—雨峰纵向逆冲断层,位于奇峰和雨峰东侧近山脊处,断层走向 NE—SW,两端分别延伸出图外,图内全长约18km。断层面倾向 NW,倾角20°~30°。上盘为组成奇峰—雨峰背斜的石炭系地层,下盘由下二叠统和上石炭统地层组成。断层形成了不完整向斜。上升盘的石炭系岩层逆冲于下二叠统和上石炭统地层之上。地层断距约为800m。断层走向与褶皱轴向一致,为纵断层。断层中部被两个横断层错断。断层形成时代与同方向、同性质的桑园—五里河逆冲断层相同,即为中三叠世(T_2)之后,早白垩世(K_1)之前。两条断层构成叠瓦式构造。

三、作业

(1)分析望洋岗地形地质图(附图9),判断断层性质;
(2)求断层产状和断距;
(3)确定断层形成时代。

实习十四　利用钻井资料编制断层构造图

一、目的和要求

(1)掌握根据钻井资料编制断块地区构造图的方法。
(2)学会分析断层构造图所反映的构造特征,并且能够确定各个断块的构造高点、闭合度和闭合面积。

二、实习用具

透明方格纸、直尺、铅笔、橡皮等。

三、说明

断层构造等高线图简称断层构造图,是用等高线的方式表示断块区某一岩层(标准层)构造形态的平面投影图,是当前油气田勘探和开发中最常用最重要的地质图件之一。
编制断层构造图,可以钻井资料、地质剖面和地震剖面资料为依据。
编图过程中应注意:
(1)同一断层,其断开的层位应该相同。
(2)同一断层,方向相同的测线上,断点的性质、落差以及断层面产状应该大致相同,或做规律变化。
(3)同一断块的地层产状应具有一定规律,因此,在编图过程中,相同产状的部分一般划为同一断块。
(4)基于区域构造背景,所连断层线应合乎一定的地质规律。

四、实习方法

本次实习是根据钻井资料,在一张已知标准层的高程点和断层点的底图上直接绘制构造图。具体方法有以下几步。

(一)估计断层位置及方向

分析已知资料,选取井位图中钻遇断层的井,估计断层的大致位置和方向。

(二)做断层面构造等高线图

做断层面构造等高线图的具体步骤如下:
(1)根据三点法将钻遇断层的钻孔连成三角网。
(2)规定等高线距。
(3)按照已规定等高线距,确定各三角网线上不同高度的高程线点。
(4)用平滑曲线连接相同高度的点。

(三)做断层线

做断层线的具体方法如下:
(1)选取井位图中处于断层上盘的井。
(2)利用三角网法做出上盘地层的等高线。
(3)找出上盘地层等高线和同高程断层面等高线的交点,并且用平滑曲线连接。
(4)选取处于断层下盘的井,方法同上,得到另一条平滑曲线。这两条平滑曲线即为构造图上的断层线。

(四)整饰

擦去断层面等高线和断层面、张口带、重复带以内的地层等高线。

五、实习注意事项

(1)断层上下盘之间不能连三角网,即三角网应该以该盘断层线为界。
(2)正断层有一个开口带,两盘等高线都应终止于该盘断层线上;逆断层有一个重复带,两盘等高线会存在重复部分,通常用虚线表示下盘等高线,以示区别(图9-7)。
(3)作断层面等高线时,应遵照实习八中的原则连三角网,最好采用横穿断层辅助线。

六、分析断层构造图

(一)断层面产状

将构造等高线看作"地形等高线",结合判断倾斜岩层产状的方法以及V字形法则判断断层面的产状。

(二)断层性质

如图9-7所示,在构造图中,正断层有一个开口带,逆断层有一个重复带。如果断层面直立,图中只显示一条断层线,那么根据构造图,只能确定断层的相对升、降盘(图14-1)。

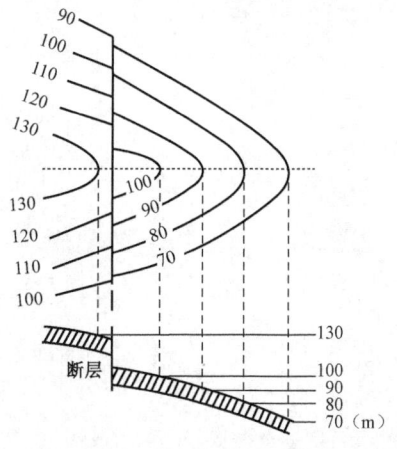

图14-1 直立断层的构造图

(三) 求铅直地层断距

在断层构造图中,某点的铅直地层断距可以从图中直接读出,即该点切线与上下盘断层线交点的高程差。

(四) 求闭合度和闭合面积

在断层构造图中求闭合度和闭合面积,需确定断层是开启性的,还是封闭性的。

闭合度为闭合等高线条数与等高距的乘积,闭合面积等于最低闭合等值线与非闭合等值线之间插值闭合等值线所围限的面积。

七、作业

编制×油田(附图10)某层顶面构造图。

实习十五 同沉积构造分析

一、目的和要求

(1)掌握同沉积背斜的复原方法,学会分析同沉积背斜的演化历史。
(2)掌握断层生长指数图的编图方法,学会分析同沉积断层的演化历史。

二、实习用具

方格纸、直尺、铅笔、橡皮等。

三、说明

同沉积构造也称同生构造,是沉积过程中形成的构造,常见的有同生断层和同沉积背斜。同生构造可以发育在挤压环境,也可以发育在拉张环境,可以是褶皱(一般指背斜),也可以是断层。同沉积构造中的沉积层厚度在横向上不均匀,相对上升部位沉积层薄,相对下降部位沉积层厚,这样的沉积层也叫生长地层。

(一)拉张环境下的褶皱机理

面状构造在外力作用下发生弯曲称为褶皱作用。沉积岩的褶皱指的是沉积岩层面的弯曲。拉张作用下形成褶皱的方式有两种(图15-1),即弯曲褶皱作用和被动褶皱作用。

弯曲褶皱作用又分两种情况:(1)各岩层沿层面滑动形成褶皱,原始层理限定着物质的流动,并积极参与褶皱作用,岩石长度和厚度保持不变,形成平行褶皱,属于弯曲滑动褶皱[图15-1(b)]。滚动背斜可以是这种形成机理。(2)各岩层沿层面滑动形成褶皱,原始层理限定着物质的流动,但岩石长度和厚度发生改变,属于弯曲流动褶皱[图15-1(c)]。纵弯褶皱中的弯流褶皱常形成相似褶皱,而横弯褶皱中的弯流常形成顶薄褶皱。同沉积背斜是顶薄褶皱,应属于弯曲流动褶皱。

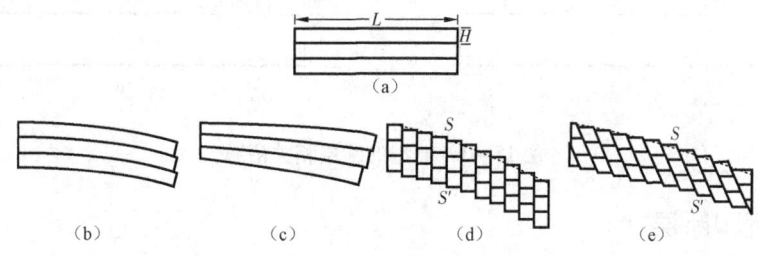

图15-1 拉张环境下岩层弯曲机理
(a)变形前状态;(b)弯曲滑动褶皱;(c)弯曲流动褶皱;(d)垂直简单剪切;(e)斜向简单剪切
L—岩层长度;H—单层厚度;SS'—垂直或斜向剪切滑动面

被动褶皱作用中,岩石物质的流动和滑动不受原始层面的限制,而是沿着次生剪切面滑动或流动弯曲,层理只是作为岩层错移方向的标志,呈现外貌上的弯曲。次生剪切面可以是垂直的,也可以是斜向的,前者称为垂向简单剪切[图15-1(d)],后者称为斜向简单剪切[图15-1(e)]。两者都可以形成相似褶皱,岩层长度和厚度在变形前后均发生变化。滚动背斜和同沉积背斜都可以是这种形成机制。

(二)同沉积背斜和滚动背斜

同沉积背斜是边沉积边褶皱形成的背斜,一般与基底隆起有关,其特点是:形态开阔,两翼岩层上缓下陡;岩层顶薄,两翼厚;背斜顶部粒度粗,两翼粒度细;背斜高点在深浅部重合。滚动背斜也称逆牵引背斜,是边沉积边发生褶皱作用形成的背斜,它与铲式断层有关,深浅层高点的连线与铲式断层面平行。滚动背斜的形成与断层面的形态有关,属于正断层相关褶皱[图15-2(a)]。

(三)断弯褶皱、断展褶皱和断滑褶皱

这三种类型的褶皱属于挤压环境下的逆冲断层相关褶皱。断(层)弯(曲)褶皱是坡坪式逆冲断层上盘岩层受断层面形态制约而发生的褶皱变形[图15-2(b)]。断(层扩)展(断层传播)褶皱是盲冲断层断尖点以上的地层弯曲而形成的褶皱[图15-2(c)]。断(层)滑(脱)褶皱是岩层沿顺层逆冲断层滑动形成的褶皱[图15-2(d)]。

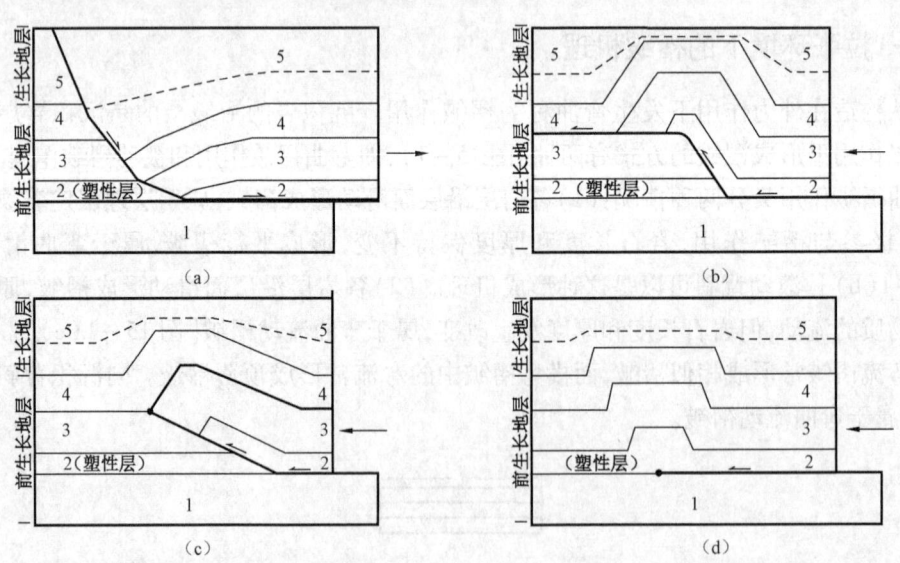

图15-2 典型的断层相关褶皱

(四)同沉积断层

同沉积断层为边沉积边发生断裂作用形成的断层,其特点是同时代地层,下降盘的厚度大于上升盘厚度,浅部断距小,深部断距大。其活动特点常用断层生长指数(Q)表示,$Q = \dfrac{h_d}{h_u}$,h_d为某时代地层下降盘厚度,h_u为该时代上升盘地层厚度。在生长指数—地质年代坐标系中,可

以做出生长指数与地质年代关系的直方图,以用来表达某断层的活动历史。图15-3是莘县凹陷二级断层生长指数图,从图中可以看出,该凹陷二级断层沙四段沉积期(E_2s^4)开始发育,沙一段沉积期(E_3s^1)活动强度最大,东营组(E_3d)至馆陶组(Ng)沉积期,断层活动几近停止,明化镇组沉积期(Nm)至第四纪(Q),断层活动完全停止。

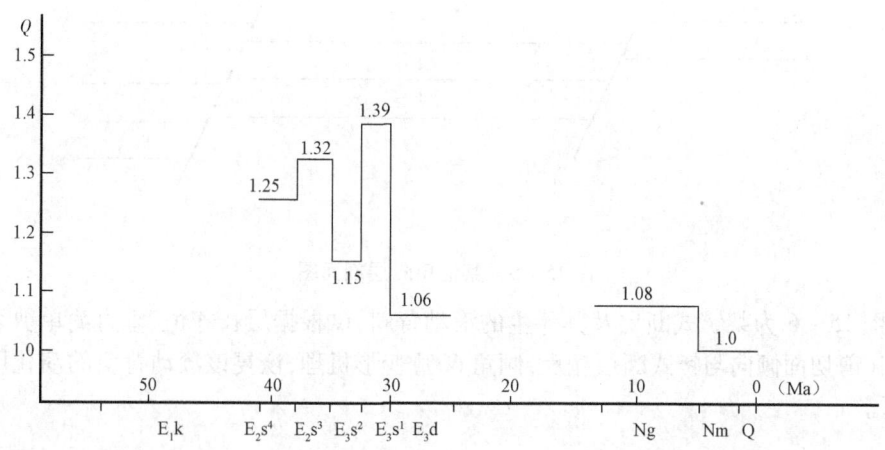

图15-3 莘县凹陷二级断层生长指数图

四、作业

(1)图15-4为某油田同沉积背斜地质剖面,恢复其演化历史。提示:褶皱机理为垂直简单剪切,不考虑压实作用。

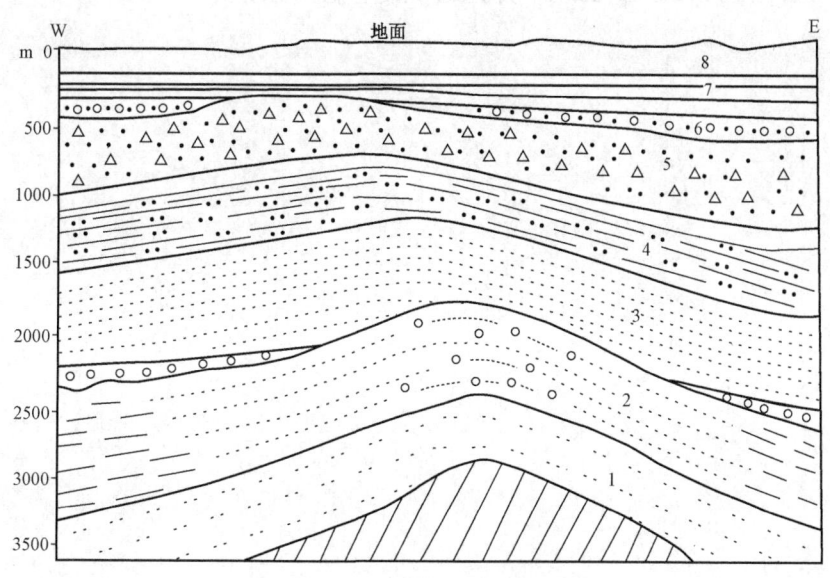

图15-4 某油田同沉积背斜地质剖面
1~8为地层代号

(2)图15-5为某油田断层剖面图,计算断层F_1和F_2的各层生长指数,并编制生长指数直方图。要求横坐标为地层代号,纵坐标为生长指数。

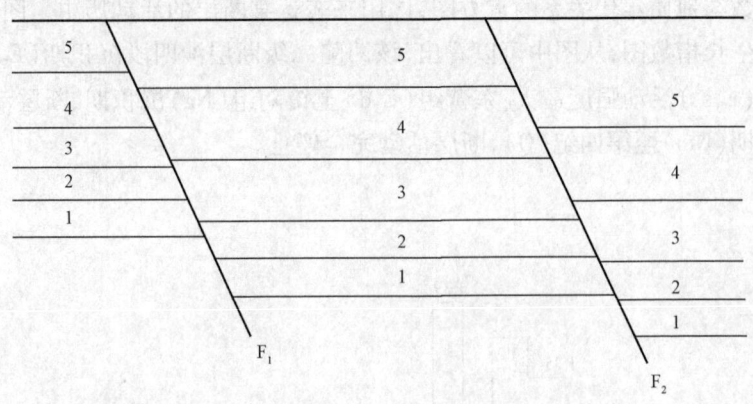

图 15-5 某油田断层剖面图

(3) 图 15-6 为某铲式断层及其伴生的滚动背斜，试根据层长守恒、垂直简单剪切和反向简单剪切(剪切面倾向与铲式断层相反，倾角 60°)变形机理，恢复该滚动背斜的演化历史。下盘未变形。

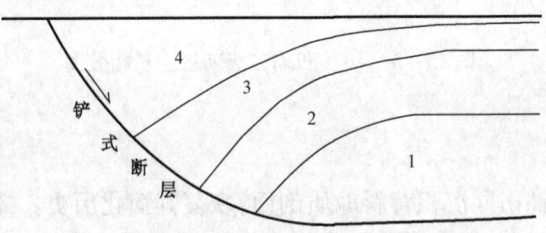

图 15-6 某铲式断层及上盘逆牵引背斜

实习十六　平衡剖面编制

一、目的和要求

(1)掌握编制平衡剖面的基本原理和方法。
(2)学会利用平衡剖面分析构造演化历史。

二、实习用具

方格纸、直尺、铅笔、橡皮、圆规、细线等。

三、说明

平衡剖面是指能够恢复成未变形状态的剖面,恢复方法和恢复过程所得到的构造现象符合地质学原理。平衡剖面遵循物质守恒原理,即变形前后物质的体积不变。当然,从原始沉积地层剖面,依据变形原理和变形条件所得到变形的剖面也是平衡剖面。平衡剖面是一条合理的、可接受的剖面,但不一定是真实剖面。与未平衡剖面相比,平衡剖面满足了大量合理的限制条件,因而也是更严谨的剖面。相反,一条未作平衡检验的剖面是不可信的,而一条难以平衡的剖面则是错误的。目前,平衡剖面已成为地震资料解释过程中一项关键技术。

平衡剖面符合两条验证准则,第一条是可接受性,即恢复后的地质剖面应该符合实际地质情况;第二条是合理性,即剖面恢复过程中要保持变形前后体积守恒,一定条件下体积守恒可简化为面积或层长守恒。

体积守恒:变形前后区域地层所占的体积不变。

面积守恒:如果变形过程中没有物质的流入或流出剖面,而且沿构造走向不发生变形(平面变形),则变形前后剖面面积保持不变,即三维空间内的体积不变原则可以转化为二维平面内的面积不变原则。图16-1(a)是一挤压收缩变形剖面,$S_{c1} = S_{c2}$;图16-1(b)为拉张伸展构造剖面,$S_{e1} = S_{e2}$。根据面积守恒,得到的收缩变形和伸展变形的滑脱面深度分别为 $H_c = \dfrac{S_{c2}}{L_{c0} - L_{c1}}$ 和 $H_e = \dfrac{S_{e2}}{L_{e1} - L_{e0}}$。

层长守恒:如果变形前后岩层厚度不变,则可以把发生褶皱变形的岩层沿其中线展开,即代表其原始长度。如被断层所错开,也可只需沿断层使其复位。

平衡剖面适用于满足物质守恒(体积守恒)的封闭环境,即没有物质流出或流入该系统。实际情况是,在构造变形过程中,经常存在的压实、压溶、剥蚀和塑性层流动等现象,使变形前后的地层体积发生变化。因此,在平衡剖面制作过程中,需进行相应的校正,以排除这些因素的干扰。

目前主要采用正演和反演两种方法来编制平衡剖面。正演是指从未变形的原始状态向变

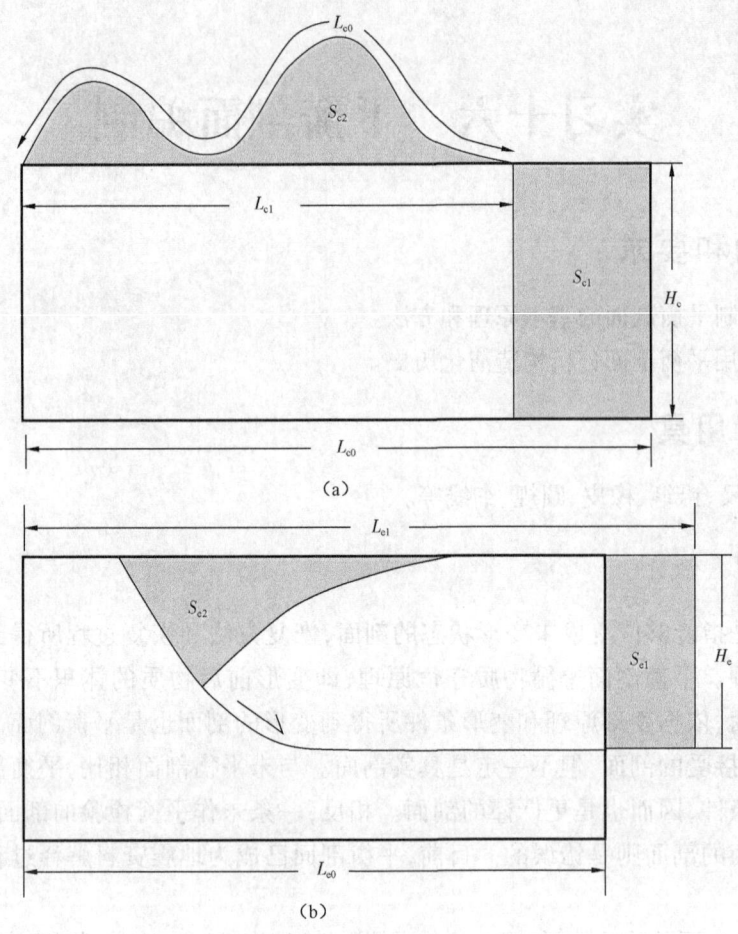

图 16-1 面积守恒和层长守恒示意图
(a)收缩变形剖面；(b)伸展变形剖面
L_0—变形前长度；L_1—变形后长度；H—滑脱面深度；S_{c1} 和 S_{e1}—原始剖面面积；
S_{c2} 和 S_{e2}—溢出面积和损失面积；下标 c 和 e 分别代表收缩和伸展

形后的剖面进行恢复，该方法首先假定一个可以表达岩层变形机理和变形过程的正演模型，然后依据各种限制条件修改原模型，以得到最符合实际地质情况的平衡剖面。在图 16-2 中，(a)为原始剖面，(d)为最终的平衡剖面，变形机理为断弯褶皱。反演是从一条真实存在的变形剖面入手，根据构造的形成顺序，从现今反向回推，将其恢复到未变形的原始状态(图 16-3)。在恢复过程中，必须时刻注意检验剖面的合理性和可接受性，避免解释的随意性，提高剖面解释的质量和效率。

平衡剖面的编制过程一般如下：

(1)剖面线的选择：在确定构造背景的基础上选择合适的剖面线，一般选取平行构造运动方向或垂直构造走向的剖面，以减小非等面积变形的影响。

(2)制作地质剖面：尽可能利用已有的露头、钻井和地震资料，制作合理的地质剖面。在石油勘探中一般都是利用初期的地震时间剖面，通过时深转换将其转换为地质剖面。根据层长守恒和面积守恒原则，初步检查是否是一条平衡剖面。

(3)确定滑脱面深度：一般来说，具有一定厚度的韧性层(煤层、膏盐层等)都可能成为滑

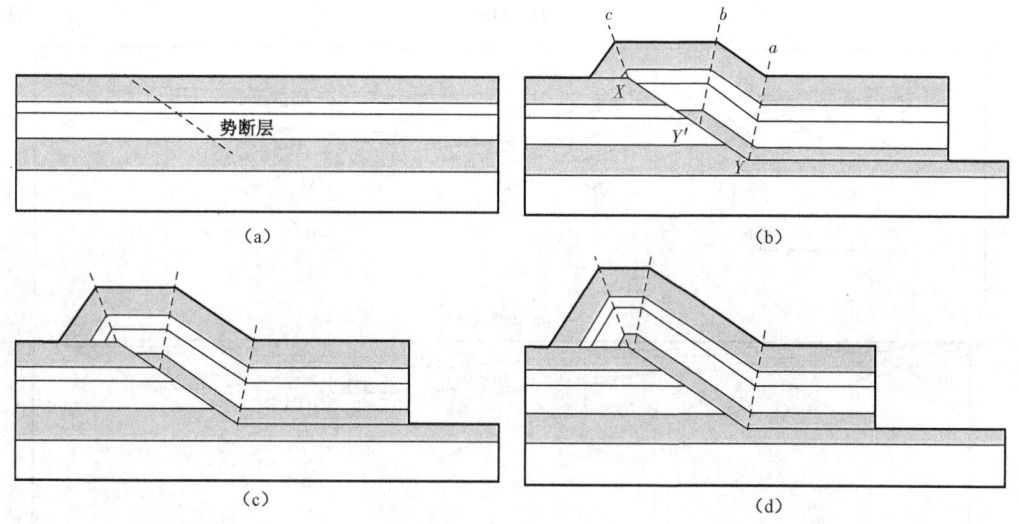

图 16-2 断弯褶皱的正演模型
(a)变形前剖面;(b),(c),(d)递进变形的三个阶段
aY—活动轴面;bY'—固定轴面;cX—活动轴面

脱面。在地震剖面上,上、下构造不协调的界面一般也是滑脱面。根据地震资料,利用作图法或计算法确定滑脱面深度是最可靠的方法。

(4)确定基准面:一般选取水平面作为基准面。如果有资料证明变形前的地形面是倾斜的,则应采用倾斜面。

(5)选取钉线(固定线):在测量岩层长度时首先要选择参照线,也称固定线或钉线。一般选择在未变形的前陆或褶皱的轴面,保证钉线在变形前后都垂直于层面,相邻层未发生相对滑动。有时也选择断层或剖面的端线作为钉线。钉线的选择不应穿过滑脱层。

(6)确定变形机理:根据变形特点,初步确定变形方式,如弯滑、弯流、简单剪切等。

(7)构造复原过程:在完成以上工作的基础上,就可以选择合适的剖面复原方法编制平衡剖面了。在复原过程中一般使用面积守恒法对断层和褶皱等进行复原。图 16-3 为根据上述原则编制的渤海湾盆地某地区的平衡剖面或演化剖面。

(8)整饰:按制图规格要求完成图件编制。

如果上述过程中得到了无法根据地质学原理进行解释的现象,如地层空缺、相邻变形层长度不等、厚度发生突变等,要检查原始剖面的合理性或选择其他的恢复方法,直到得到符合地质学原理和几何平衡的剖面。

四、作业

利用面积守恒方法对图 16-4 所示的某地区地质剖面进行平衡复原,并据此对该地区的构造演化历史进行分析(不考虑剥蚀和压实)。

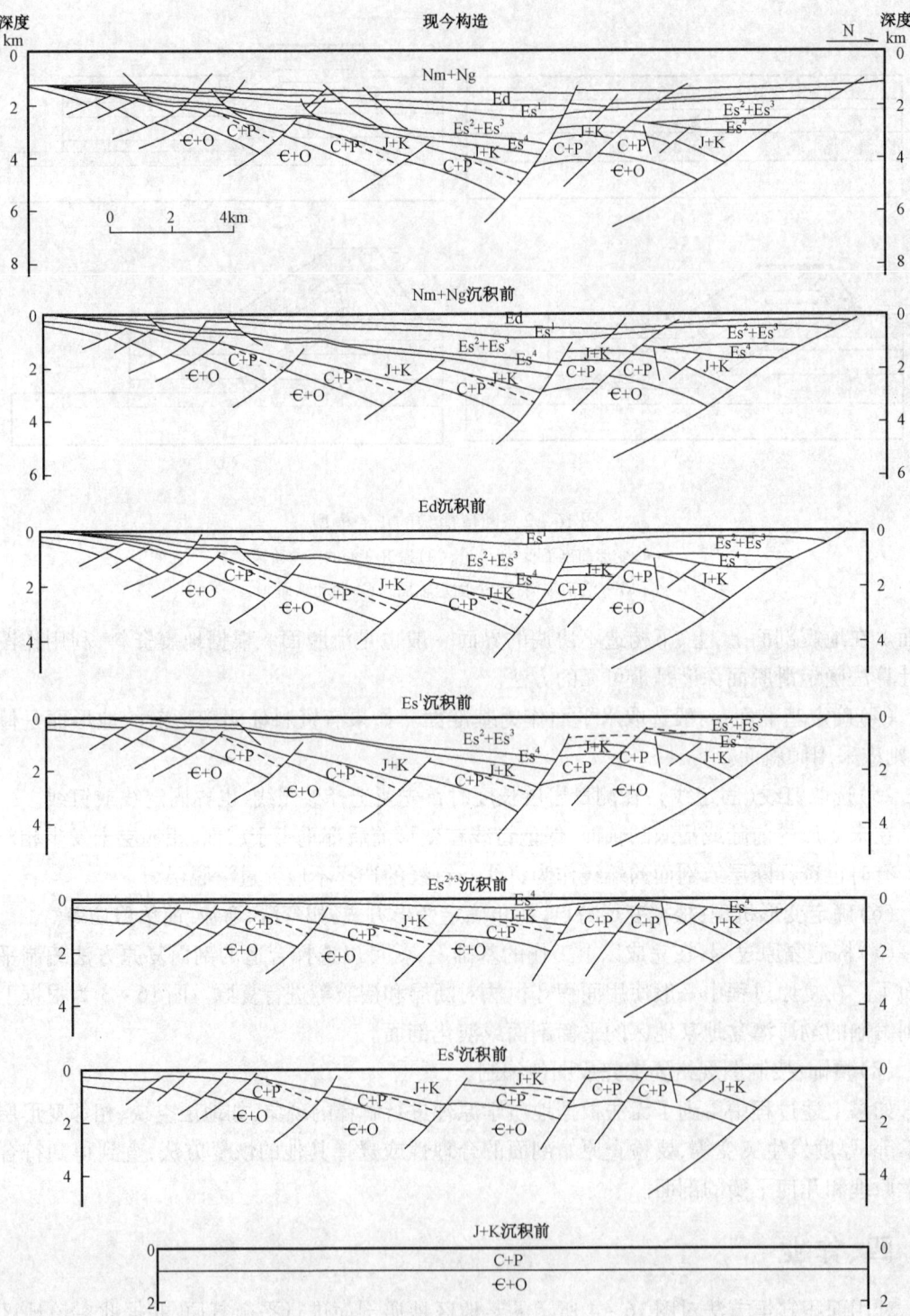

图 16-3 渤海湾盆地某凹陷平衡剖面

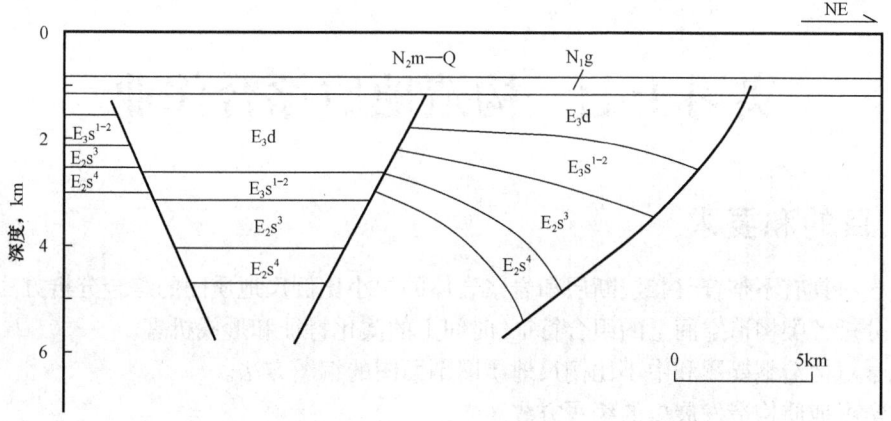

图16-4 某盆地地质剖面

实习十七 构造地质综合作业

一、目的和要求

(1) 学习具有不整合、褶皱、断层和岩浆岩体的中小比例尺地质图的综合分析方法。
(2) 分析各类构造空间上的组合特征、时间上的演化特征和形成机理。
(3) 学习构造纲要图和中小比例尺地质图剖面图的编图方法。
(4) 学习地质构造发展史的编写方法。

二、说明

构造地质综合作业是在对前面大比例尺地质图上单一构造要素如不整合、褶皱、断层等分析的基础上,分析各种构造要素都存在的中小比例尺地质图,进一步加深学习构造要素的分析方法,注重各构造要素的组合关系分析、发展演化序列分析,并对不同时期构造形成的动力学原因做出解释,最后完成地质构造发展史的编写。通过构造地质综合作业,使学生比较全面地掌握构造几何学、运动学和动力学方面的基本理论知识,学会中小比例尺地质图的分析方法和技能,从而提高分析和解决地质构造实际问题的能力。

(一) 读图分析

按"先图外、后图内,先地形、后地质,先地层、后构造"的地质图分析方法,首先认识地质图的图名、图号、比例尺、图例和责任表等;然后转入图内分析和认识地形、河流水系和一些高程点,分析图内地形的基本特点和总体构造特点;最后进行地层分布及接触关系分析,划分构造层,对各构造层的构造细节,如单一构造形态、构造方位和组合关系等进行详细的分析。

(1) 分析地层。根据图例及所附的综合地层柱状图可以了解图区内的地层发育情况和地层的缺失情况。对于连续地层,还应根据图区内地质界线的关系判断是否存在微角度不整合,分析是否存在海侵不整合。对于不连续地层,应根据图区内地质界线的关系,判断不整合类型,如果两套地层的地质界线平行,地层倾角又不一致,则为平行不整合,反之,如果两套地层的地质界线相交,或者尽管两套地层的地质界线平行,但倾向或倾角不一致,则可判断存在角度不整合。

(2) 划分构造层。构造层是指在一定的构造发展阶段形成的具有一定分布范围(构造带单元内)的一套岩层(建造)及其构造组合,岩层包含沉积岩、岩浆岩和变质岩。构造层常由角度不整合限定,每一构造层都具特有的沉积相、岩浆活动、变质作用和构造特征等,在时间上代表一定的构造旋回并反映一定的构造幕,在空间上代表该构造幕的影响范围。

(3) 分析褶皱。根据地层的新老关系和产状,确定背斜和向斜,分析其规模,地层组成和形态,褶皱在平面、剖面上的组合关系和平面上的展布方位;根据褶皱与不整合的关系、褶皱与岩体的关系,确定褶皱的形成时代,对比不同构造层内发育褶皱在形态、方位上的不同。

(4) 分析断层。首先分析断层性质,可根据图例及地质图上所标注的断层符号,直接读出断层性质;如果地质图中未标出断层符号,则需要根据断层与等高线关系,判断断层产状,再根据断层两盘地层新老关系、断层两盘倾斜岩层相对运动关系、断层两盘褶皱核部宽度变化和轴迹关系,判断断层两盘的相对运动方向,最终判断出断层的性质。其次,分析断层在平面、剖面上的组合关系,研究断层与褶皱和岩体在空间上的关系。最后,根据断层与地层的切割关系等,分析断层的形成时间;根据断层与褶皱的组合关系,分析构造形成的动力学条件。

(5)分析岩浆岩体。岩浆岩体的形成往往受到区域及局部构造和构造运动的控制,同时又会对周围的构造产生影响。分析不同产状(如岩基、岩株、岩墙等)、不同类型岩体的分布及其与褶皱、断裂、不整合的关系,确定其形成时代。

(6)综合分析。在上述对各种构造和岩体分析的基础上,要进行构造的"分期"和"配套",做出构造形成的力学成因分析。

分期是指根据地层角度不整合接触关系、褶皱、断裂、岩浆岩体及其相互间的关系,排列地质事件发生顺序,确定主要构造运动时期,划分构造演化阶段。各类构造及岩体的活动相对时间顺序可以根据它们之间的相互切割关系判断,而构造运动时期则往往根据不整合尤其是角度不整合划分。

配套是指将同一构造演化阶段形成的各类构造组合在一起。同一构造阶段或同一次构造运动,可形成多种类型的构造,如褶皱、断层、岩体等可以同时形成和并存,在各类构造形成时间分析的基础上,在空间上将它们有机地组合起来,分析它们的空间关系和展布规律。

相同构造阶段形成的地质构造及岩体是呈规律组合的,也即是协调的。也就是说,相同构造阶段形成的构造反映的是统一应力场,是相同动力学背景下的产物。这样可根据不同构造阶段各类构造及岩体的空间组合关系和分布规律,得出不同构造阶段的主应力作用状况,对构造应力场做出初步分析。

(二) 编制构造纲要图

构造纲要图是以地质图为基础编制的,是用不同的线条、符号(附录Ⅳ)和颜色概要表示一个地区地质构造的一种图件,如挖断山地质构造纲要图(图10-3)。编制构造纲要图的步骤如下:

(1)画构造层。画出各构造层的分层界线,即把角度不整合接触界线画在图上,以分出各构造层。构造层以地层时代代号或时代区间代号来表示。构造层没有统一规定的色谱,一般时代越老颜色越深,时代越新颜色越浅。

(2)画断层。各类断层用规定符号表示,并注明名称和编号。如果区域范围很大,断层很发育,则不同时代的断层可用不同颜色或不同方式(如点线、断线等)来表示。

(3)画褶皱。褶皱用轴迹线来表示,轴迹线的宽窄反映核部或褶皱的宽度变化。背斜用实体区域表示,向斜用空心区域表示。褶皱的倾伏应用枢纽产状来表示。

(4)画岩体。画出岩体界线和内部岩(相)带界面,注明岩浆岩代号及其时代,并标出原生构造产状。

(5)标出代表性的地层产状及节理、面理、线理等产状。

(6)完成图的其他要素,如图名、比例尺、图例等。

(三) 编制地质剖面图

根据剖面图的编制方法和步骤,编制1~2幅反映全区构造特点的图切地质剖面图。如果没有完整的地形等高线,则可参照所给点的标高大致绘制出地形剖面线。

（四）地质构造发展史总结

文字和图表是反映和表现某一地区构造特征的两种主要方式。构造发展史总结是在读图分析和图件编制之后进行的，是对研究区构造特点、分布规律、演化和形成机理的系统总结。在编写过程中，必须使地质图、剖面图、构造纲要图与文字内容相吻合，互相印证、相互补充。文字报告主要包括以下部分：

（1）引言。简述综合读图的目的、要求，所读图幅名称、比例尺、图区地形地貌特征以及完成的工作量。

（2）构造。简述区内地层分布及其接触关系之后，重点描述构造，这是报告的主体部分。可按构造层和构造单元、断层、褶皱等的顺序进行描述。断层和褶皱部分包括总体特征、典型代表形态描述、形成时间分析和组合关系及分布规律分析。岩体作为一种地质体也可以在构造一章描述，描述内容包括侵入体的名称（如×××花岗岩体）、产出的构造部位、平面形态和规模、与围岩的接触关系、侵入时代等。该部分注重于构造的几何形态、分布规律及组合关系分析，当然也涉及构造运动学分析方面的内容。

（3）构造演化史。可按地质事件发生顺序所建立的构造序列，划分构造幕或构造运动时期，简述各构造阶段的地质组成和构造活动特点，分析地壳运动性质和地球动力学状况。该部分以构造运动学特征和动力学特征分析为主线。

在以上各部分中，可绘制一些辅助插图，如剖面图、联合剖面图和立体图，以更形象地说明其构造特点。

三、实习用图

选取附图8、附图11、附图12、附图13中的一幅，分析其构造特征，编写构造演化史总结报告。

实习十八　构造模拟与实验研究

地质构造，无论是原生构造或是次生构造、微观构造或是宏观构造（即在 $10^{-8}\sim10^{8}$ cm 范围内的构造），都是力作用的结果。从时间尺度上来看，与自然界中地质构造的形成过程相比，人类历史及人体寿命显得相当短，所以人们无法直接观察和记录地质构造的形成过程。人们所能做的只是，对这些过程所留下的变形踪迹的某些片段和某些部分进行收集和观察，并通过分析和组合来恢复构造形态和构造组合形式。然后，结合岩石力学性质的研究和可能已知的部分边界条件，根据构造形迹及其组合样式，提出和建立一些构造模式，采用几何学、力学和热力学原理与方法，重塑构造发生、发展和演变的过程。这种方法就是构造模拟和实验研究方法，它是用模型来近似地再现地质体受力、变形及破坏的全过程，并借以追溯过去、了解现状和预测未来。按构造模拟实验研究过程中所采用的构造模型的性质、模拟技术和方法的不同，可将其分为数学模拟和物理模拟两类。每类再根据模拟的具体技术和方法的不同做进一步的划分（表 18-1）。

表 18-1　构造模拟方法分类表（据曾佐勋和刘立林，1992）

构造模拟方法					
定量程度分类	定性模拟		构造变形再造		
	定量模拟		几何形态及其变化定量关系模拟		
			构造应变场模拟		
			构造应力场模拟		
模型性质分类	数学模拟		解析法		
		数值法	有限差分法		
			有限元法		
			边界元法		
			离散元法		
	物理模拟	比例模型	泥料模型		
			棉纸实验		
			有限应变实验分析的气泡法		
			云纹法	面内云纹法	
				影像云纹法	
			网格法	小变形网格法	
				大变形网格法	变形椭圆网格法
					陈氏网格法
			光学—力学方法	光弹性法	
				光塑性法	
				光黏弹性法	
			脆性涂层法		
			全息干涉法		
		岩石模型	人造岩石模型		
			天然岩石模型	小尺度室内岩石模型	
				大尺度天然比例模型	

一、数学模拟

数学模拟主要采用数学、力学的方法来对构造模型的应力场、位移场、应变场、位移速度场和应变速率场等进行定量分析。数学模拟方法可进一步分为解析法与数值法。解析法主要依据固体力学、流体力学和流变学等理论,其优点是,通过对各种物理量与几何量的分布规律及相互关系的定量数学表达,反映构造的内在规律。但是,这种方法仅适用于一些本构关系和边界条件简单问题的求解。

与解析法相比,数值法能处理比较复杂的问题,而且随着计算机技术的应用,求解问题的速度较快。但就所得规律的内在联系这方面来说,数值法不及解析法表达的那样清晰。

在运用数学模拟的时候,一般应首先确定变形地质体的构造模型及力学性质,是弹性的、弹塑性的、黏弹性的、小变形或大变形等等,即确定地质体的力学特性及其物理学参数。然后选择适合的数学模拟方法来求解问题。

二、物理模拟

物理模拟是根据相似性原则,通过采用实际的物理材料,并按照一定的构造形成模式,来模拟自然界岩石体的构造形态、变形过程及各种物理量与几何量。根据物理材料的不同,物理模拟也可以进一步分成两大类。

(1)比例模型模拟,即采用相似材料,如泥料、砂料、沥青、石蜡、明胶、硅胶等各种高分子化学材料,代表实际的岩石材料。这类物理模拟方法以相似理论为依据,采用相似材料,建造相似的物理学模型,用以模拟地质体中构造形迹和构造样式的形成条件及其过程。其优点是,容易再造构造变形现象,容易调整和控制试件的物理学、力学性状与边界条件,在短时间内就能重塑某种构造的形成过程,并具有直观的特点。其缺点在于,所用材料与自然界的实际岩石材料在物理学和力学性状上存在明显的差别,因而在过程解释上容易产生简单化的问题。

(2)岩石模型模拟,即采用模型材料,利用实验室可能创造的条件(如温度、压力、应力和流体等),来模拟岩石体受力作用的变形过程或构造现象,这种模型材料可以是天然的或人工制造的岩石。其优点是采用的物理材料为真实的岩石,缺点是试件大小的局限性很大,且实验室能够创造的应变速率与天然岩石变形过程的应变速率仍存在很大差距。

值得指出的是,由于自然界的条件与实验条件之间存在某些难以弥补的差异,以及地质构造问题的复杂性,完全按相似准则模拟存在不少困难。同时,模拟的边界条件容易将客观的复杂边界简单化。因此,通过数学模拟和物理模拟所得到的结果和认识,必须在地质构造实际客观研究成果检验基础上,不断地予以修正、完善和补充,这样才能有效地运用构造模拟的方法来深入研究和解决实际的地质构造问题。

三、构造模拟的一般步骤

这里所说的一般步骤,不涉及具体的模拟方法,大体可以分为以下8个步骤:
(1)地质调查和构造解析,确立地质体的构造原型。
(2)分析控制构造原型的主要地质因素。
(3)根据模型尺寸及所采用的模拟方法等因素确定模型的相似比例。
(4)根据构造过程的物理环境与地质体材料的岩石力学性质,选择合适的模拟材料。

(5)根据野外观察或地球物理资料所推断的原型的受力方式与约束边界条件,确定模型的加载方式与边界条件。

(6)观察、记录模拟过程和模拟结果,及时整理。

(7)对比和分析模拟结果与天然实体的相似程度,对模拟结果进行合理的理论解释和实践的再检验,进一步完善模拟过程。

(8)运用模拟结论来解释实际地质构造问题。

上述8个步骤,构成了从实际中来到实际中去这样一种循环。而每一个具体的构造模拟方法及其工作步骤,可参阅曾佐勋和刘立林的《构造模拟》(1992)等相关文献。

四、作业

(1)简单剪切作用的卡片模拟。把卡片(扑克牌或文摘卡等)放入卡片剪切仪内装齐,或取一套厚约11cm的卡片,两端靠中部1/3处用两条橡皮筋捆紧。在卡片叠的一侧画上边长为10cm的等边三角形ABC,且AC平行于卡片顶边[图18-1(a),左图];在另一侧画上一直径为10cm的圆[图18-1(a),右图]。使卡片叠向右作剪切变形,测量和记录角剪切量为0°、10°、30°、45°和60°时的相关参数。

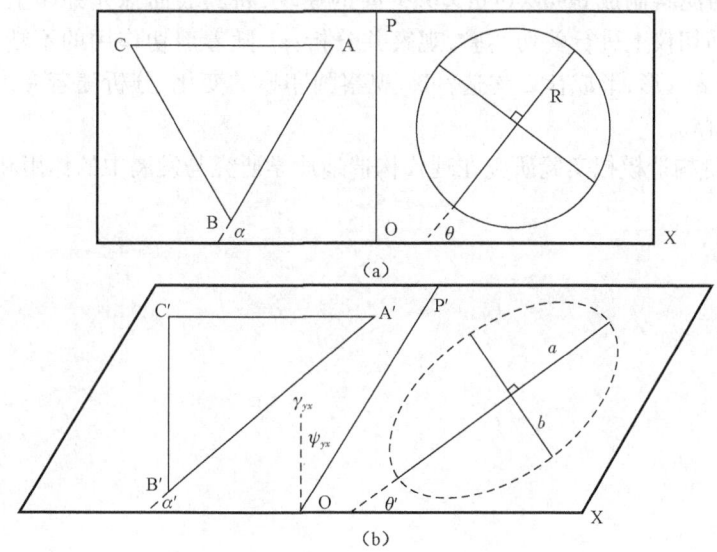

图18-1　卡片模拟实验示意图
(a)变形前;(b)变形后
x 轴平行于 OX,y 轴垂直纸面

① 测量直线 OP′ 与 OX 的夹角的余角,使其分别为 0°,30°,…,60°,这就是卡片叠沿 OX 方向所受的角剪应变 ψ_{yx}[图18-1(b)]。

② 测量 AB、BC、CA 三条直线变形后的长度 A′B′、B′C′、C′A′。

③ 测量变形后这三条直线与 OX 的夹角 α'_{AB}、α'_{BC}、α'_{CA}。

④ 画出圆变形而成的椭圆主轴的长轴和短轴,测量其长度 $2a$ 和 $2b$。

⑤ 测量椭圆长轴与 OX 夹角 θ'。

⑥ 使卡片叠复原,检查作为应变椭圆主轴的两直径是否仍互相垂直,测量复原后的长轴

与 OX 的夹角 θ。

然后,分析并回答下列问题:

① 描述直线 AB、BC、AC 的方向随卡片叠的剪切应变量增大的变化。CA 线的方向及长度变化说明了什么? AB 线和 BC 线方向变化趋势如何? 有何地质意义?

② 描述三条线的长度随着剪切量增大的变化。讨论 $1+e_{BC}$ 在变化曲线上最小值的意义。这时 B'C' 的方位如何? $(1+e_{BC})$ 的曲线与 X 轴交点有什么含义? 各直线长度变化的总趋势如何?

③ 分析 θ' 的变化规律。沿曲线外推,分析当 $\gamma_{yx} \to 0$ 时 θ' 趋向多少? 当 $\gamma_{yx} \to \infty$ 时, θ' 趋向如何?

④ 随着剪切应变的增加,各应变椭圆的主轴是否为同一条直线? 分析 θ' 的变化规律。

⑤ 分析原始圆半径 R 的变化趋势如何?

(2) 泥料的构造模拟实验。

① 用事先备好的泥料制成 8cm×6cm×2cm 的模型,并将表面抹光,在顶面和两侧边各印上几个圆印痕。然后,把模型放到压缩板上缓慢施加挤压力,观察并分析:a. 随着力的不断加大,模型将出现怎样的构造现象? b. 模型表面的圆印痕将发生什么变化,代表什么应变意义?

② 用较软的泥料制成 8cm×6cm×0.5cm 的模块,将其表面抹光并印上几个圆印痕,然后,将模块放到剪切仪上进行剪切实验,观察并分析:a. 随着剪切作用的不断进行,泥料的构造模型将发生什么变形,形成什么构造? b. 观察圆印痕的变化,分析随着变形而发生的应变情况及其变化规律。

(3) 如何评价构造模拟实验研究在现代构造地质学研究与发展中的作用和地位?

参 考 文 献

戴俊生,2007. 构造地质学教程(附本):实习教材与作业. 东营:中国石油大学出版社.
伍德华特 N B,博耶 S E,萨普 J,1991. 平衡地质剖面. 贾维民,杜秀霞,译. 武汉:中国地质大学出版社.
徐开礼,朱志澄,1997. 构造地质学(附本). 2版. 北京:地质出版社.
俞鸿年,芦华复,1998. 构造地质学原理. 修订版. 南京:南京大学出版社.
曾佐勋,樊光明,刘强,2008. 构造地质学实习指导书. 武汉:中国地质大学出版社.
Ragan D M,1973. Structural Geology. New York:John Wiley & Sons.
Twiss R J,Moores E M,1992. Structural Geology. New York:W H Freeman and Company.

附录 I　极射赤平投影原理及方法

极射赤平投影(stereographic projection)简称赤平投影,它主要用来表示线、面的方向、相互间的角距关系及其运动轨迹,将物体三维空间的几何要素(线、面)反映在投影平面上进行处理、研究。极射赤平投影广泛应用于天文、航海、测量、地理及地质科学中,应用于构造地质学中可解决地质构造的几何形态、几何关系、应力分析等方面问题。

赤平投影不涉及面、线的大小、距离,但其配合正投影图解,互相补充,则有利于解决包括角距关系在内的计量问题。

一、投影要素

极射赤平投影是以圆球作为投影工具,投影要素包括以下几个(图 I-1)。

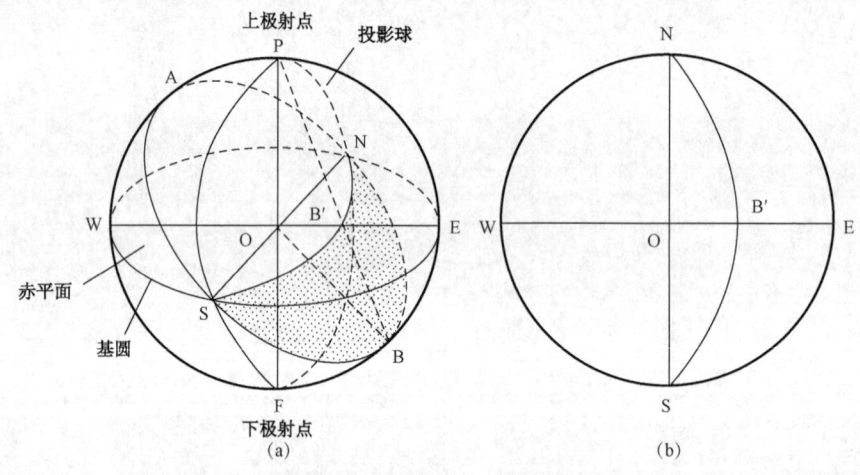

图 I-1　投影要素
(a)透视图;(b)赤平图

投影球:以任意长为半径作成的球,投影球表面称为球面;
赤平面:过投影球球心的水平面;
基圆:赤平面与投影球面相交的大圆(NESW),或称赤平大圆,圆内标有东西和南北直径线;
极射点:投影球上下的发射点,由上发射点(P)将投影球下半球上的几何要素投影到赤平面上的投影称下半球投影,反之,由下发射点(F)将上半球中的几何要素投影到赤平面的投影称上半球投影。常应用的是下半球投影,因此,以下内容除非特别指明,均指下半球投影。

二、赤平投影的方法

(一)平面的赤平投影

1. 过球心的平面的赤平投影

设想一个平面经过球心而无限延伸,必定与投影球面相交成一直径与投影球相等的大圆。直立平面与投影球相交成直立大圆[图Ⅰ-1(a)中的 SPNF],水平面相交成水平大圆[图Ⅰ-1(a)中的 NESW],倾斜面相交成倾斜大圆[图Ⅰ-1(a)中的 NBSA]。连接极射点和球面大圆上各交点的直线,必定穿过赤平面且与之相交,相交点的连线即为相应大圆的赤平投影,简称赤平图,为一大圆弧。直立大圆的赤平投影为基圆的一条直径,水平大圆的赤平投影就是基圆,倾斜大圆的赤平投影是以直径为弦的大圆弧。图Ⅰ-1(a)中,半圆 SBN 投影成 SB′N,半圆 SAN 的投影在基圆之外的赤平面上,图中未画出。

极射赤平投影的重要性质是,球面大圆投影到赤平面上仍为一个圆,如图Ⅰ-2 所示,球面大圆 ASBN 赤平投影后的 A′SB′N 仍为一个圆。

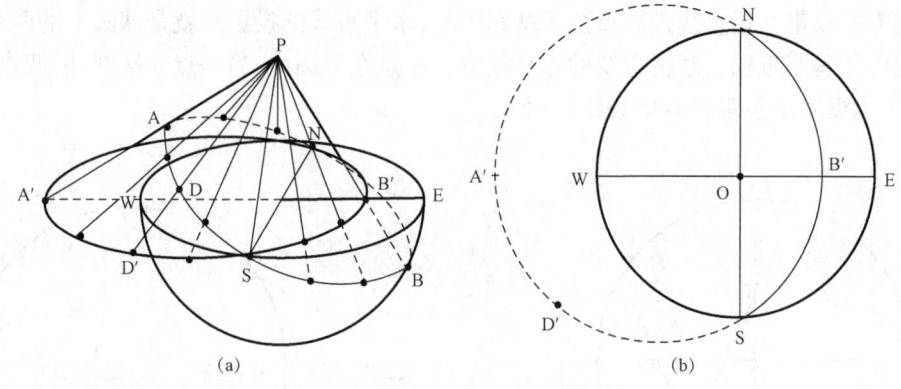

图Ⅰ-2 倾斜平面的赤平投影
(a)透视图;(b)赤平图

2. 不过球心的平面的赤平投影

不过球心的平面与投影球相交成一直径小于投影球直径的小圆,其赤平投影仍为一个圆。球面小圆水平,且位于下半球,则其赤平投影为半径小于基圆的圆,且两圆的圆心重合。球面小圆直立时,其投影后下半球部分为基圆内的一条圆弧,上半球部分位于基圆外,如图Ⅰ-3(a)中,AB 直立小圆,位于下半球的部分赤平投影为圆 B′A′的基圆内部分,位于上半球的部分赤平投影位于基圆外,作图圆心 C 与投影圆心 R′(R)不重合。完全位于下半球的倾斜小圆,赤平投

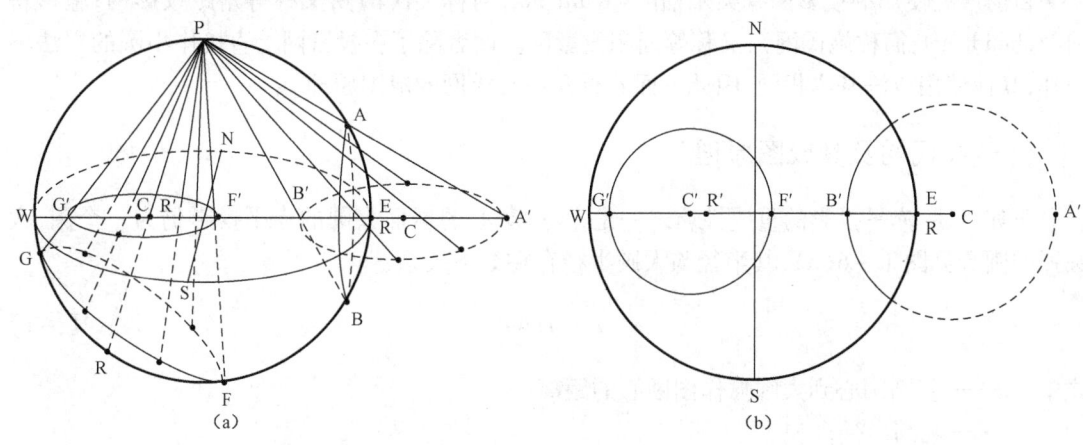

图Ⅰ-3 倾斜球面小圆和直立球面小圆的赤平投影
(a)球体透视图;(b)赤平图

影为一个小圆,投影圆心 R′与作图圆心 C 不重合。投影球被倾斜小圆部分切过上半球,部分切过下半球时,其赤平图部分位于基圆内,部分位于基圆外。球面小圆完全位于上半球时,赤平图为位于基圆外。

任何通过极射点(P)的球面大圆或小圆的赤平投影为一条直线。图Ⅰ-4 中的小圆 PB-CA 的赤平投影为直线 AB。

3. 直线的投影

通过球心的直线无限延伸相交于球面两点,此两点称为极点。铅直线交于球面上下两点,水平线交于基圆两点,倾斜线交球面两点。这些交点与极射点 P 的连线穿过赤平面的穿透点称直线的赤平投影。铅直线投影点位于基圆中心,水平直线的投影点就是基圆上的两个极点,两点距离等于基圆直径。倾斜直线的赤平投影有一点在基圆内,另一点在基圆外,两点呈对趾点,在赤平投影图上角距为180°(图Ⅰ-5)。

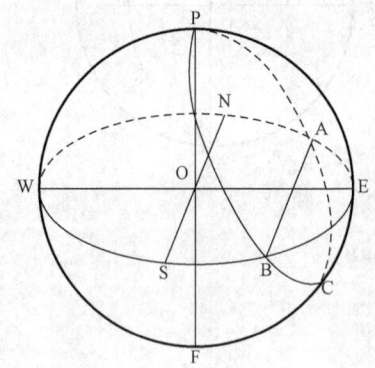
图Ⅰ-4 过极射点的球面小圆的赤平投影

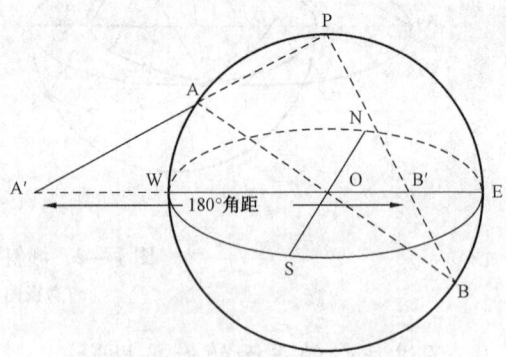
图Ⅰ-5 过球心的倾斜直线(AB)的赤平投影为两个对趾点(A′和B′)

三、投影网

目前广泛使用的投影网有吴尔福网(Wulff net,简称吴氏网),又称等角距投影网;施密特网(Schmidt net,简称施氏网),又称等面积投影网。两者除了在投影网上直接作小圆的方法不同外,其他使用方法基本相同,因此下面着重介绍吴氏网的成图原理。

(一)吴氏网及其成图原理

正如上述,赤平投影的重要性质之一是,经过球心的球面大圆的赤平投影仍为一个圆,大圆弧的圆心见图Ⅰ-6(a),其半径与大圆半径存在如下关系:

$$d = r\tan\delta \quad (Ⅰ-1)$$

式中 d——基圆圆心到大圆弧作图圆心的距离;
r——基圆半径;
δ——倾角。

图Ⅰ-6(a)为一系列经向大圆,代表走向南北、倾向西、倾角间隔10°的一组平面。

不经过球心的直立球面小圆的赤平投影也为圆弧,两者关系见图Ⅰ-6(b),或

$$d = r/\cos\alpha \tag{Ⅰ-2}$$

式中 d——从基圆圆心到圆弧作图圆心的距离;

r——基圆半径;

α——球面小圆所切锐角圆锥锥角的一半。

图Ⅰ-6(a)和(b)叠合,组合成经向投影网或吴尔福网,或赤平投影网。标准吴氏网圆弧半径角距为2°(附图14)。基圆标有0°~360°的经向,指北方向为0°,用来量度方位角,经向大圆弧代表走向南北、倾向东或西的平面,它们与东西直径线的各交点到直径端点(E点和W点)的距离分别代表各平面的倾角值。纬向小圆弧为走向东西,直立平面与球面交线的投影,纬向小圆弧分隔南北直径线的距离与经向大圆弧分隔东西直径线的距离相等,即在图Ⅰ-7中 ED = SH = WG = NF,都代表30°角距。

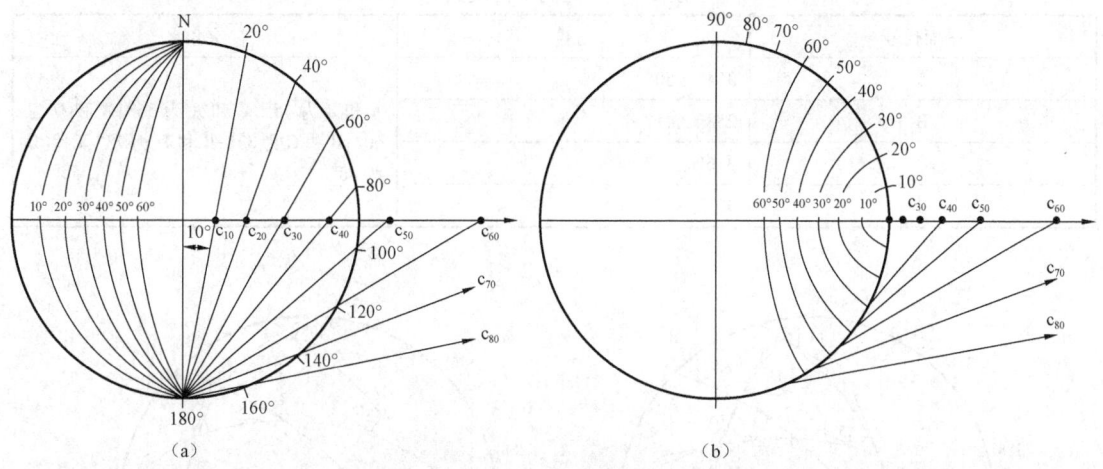

图Ⅰ-6 投影网的创建(据 Ragan,1973)

(a)东西线上大圆弧的圆心;(b)南北线上小圆弧的圆心

c_{10}—10°大(或小)圆弧对应的圆心;c_{20}为20°大(或小)圆弧对应的圆心,以此类推

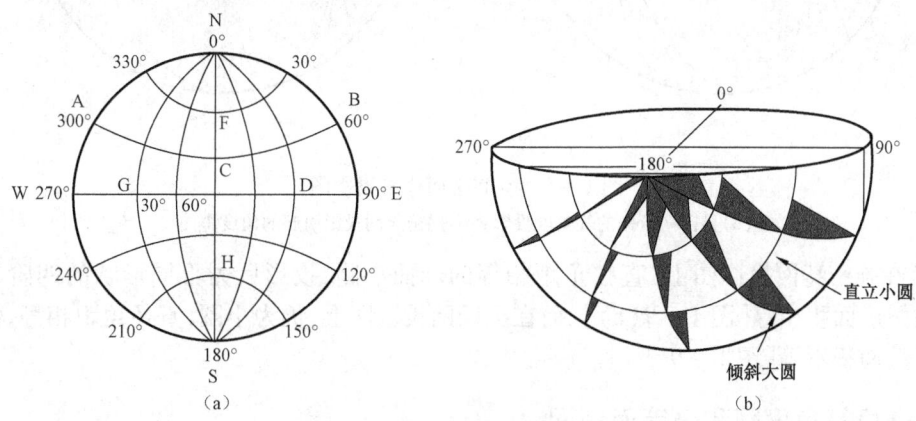

图Ⅰ-7 赤平网及其透视图(据 E.W.Spencer,1977)

(a)吴氏网;(b)球面大圆、小圆透视图

(二)施密特网

施密特网(附图15)是一种等面积赤平投影网,除小圆的作图外,其他与吴氏网相同。

施密特网与吴氏网的主要区别是:

(1)投影球上的圆在吴氏网上的投影都是一个圆,而在施密特网上的投影则是四阶二次曲线。

(2)吴氏网为等角距投影,即各面、线的夹角,投影后仍然不变,而施密特网则发生变化。如表Ⅰ-1的数据,按吴氏网所作的赤平投影图,从大圆弧交点所作弧的切线间的夹角与实际夹角相等[图Ⅰ-8(a)],但按施密特网所作的投影图[图Ⅰ-8(b)],大圆弧交点切线夹角与实际夹角不相等。如A、B的实际夹角为45°,吴氏网赤平图上两者交点处的切线夹角为45°,施氏网投影图上夹角为36°。但是利用两种网图进行面、线间的角距运算结果则是一致的。

表Ⅰ-1 空间平面及夹角

平面代号	方位	夹角
A	354°∠50°	A和B为45°;C和A为36°;A和D为60°;B和C为33°;B和D为73°;C和D为88°
B	288°∠41°	
C	316°∠65°	
D	90°∠34°	

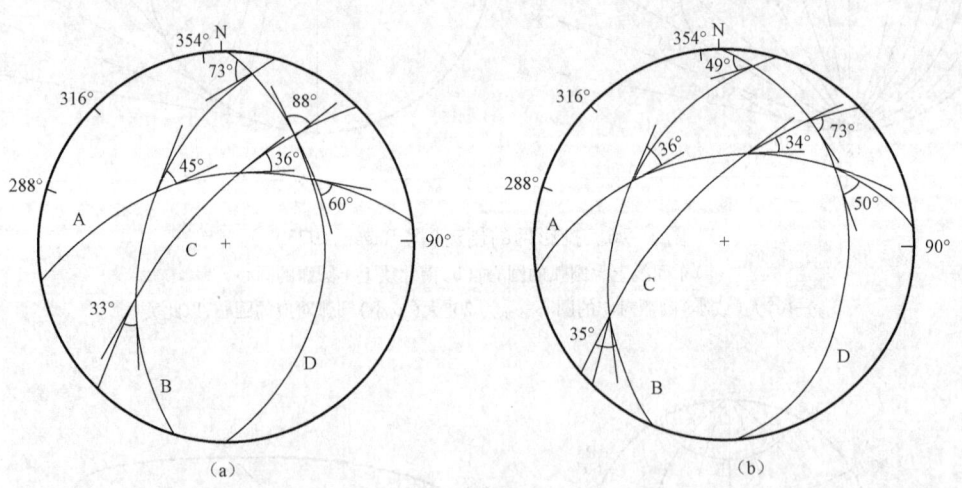

图Ⅰ-8 空间平面赤平投影图
(a)吴氏网所作的等角度投影;(b)用施氏网投影引起的角度歪曲

(3)在施密特网投影图上,直径角距相等的球面小圆,投影后为不同形状的四阶二次曲线,但各图形面积相等[图Ⅰ-9(a)],而在吴氏网投影图上,仍为小圆,直径角距相等,但作图半径不等,面积不等[图Ⅰ-9(b)]。

(三)极等角度网和极等面积网

极等角度网[图Ⅰ-10(a)、附图16 常与吴氏网配合使用]和极等面积网[又称赖特网,图Ⅰ-10(b)、附图17 常与施氏网配合使用]应用于大量极点(直线或平面法线)的投影。

它们都是由放射线(过球心的直立大圆的赤平投影)和同心圆(水平小圆的投影)所构成的网格。放射线代表直线的倾伏方向,同心圆代表极点所代表的直线的倾伏角(圆心至圆周为0°~90°)。

(四)普洛宁网

普洛宁网是一种等角度极射赤平投影网密度计,该网上大小不等的小圆的角距是相等的,每一个小圆的半径都代表8.4°角距(附图18)。当极点是用极等角度网或吴氏网统计时,则采用普洛宁网进行极点密度统计。当极点是用极等面积网或施密特网统计时,则采用图11-2所示的边缘密度计(pc)和中心密度计(cc)统计极点的密度。

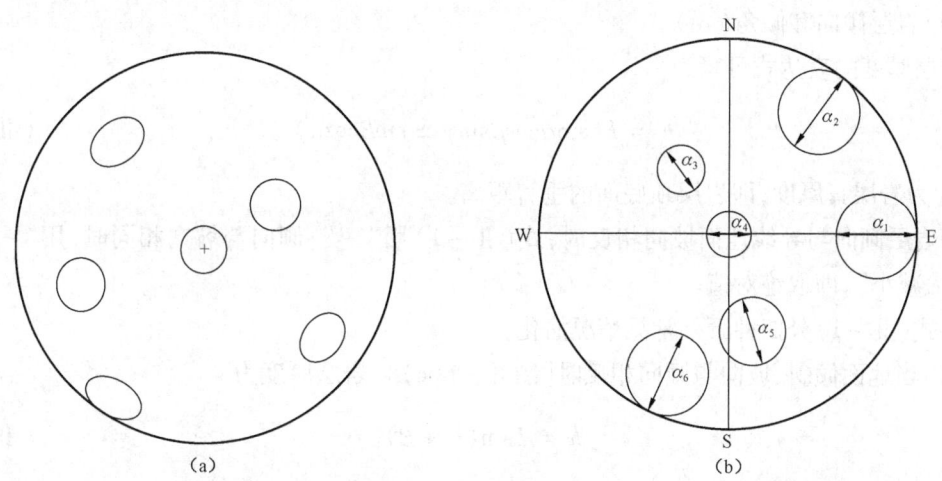

图 I-9 投影方式
(a)施氏网投影后,各图形形状不同,但面积相等;(b)吴氏网投影后,
各小圆直径角距相等(即 $\alpha_1 = \alpha_2 = \alpha_3 = \cdots\cdots$),但面积不等

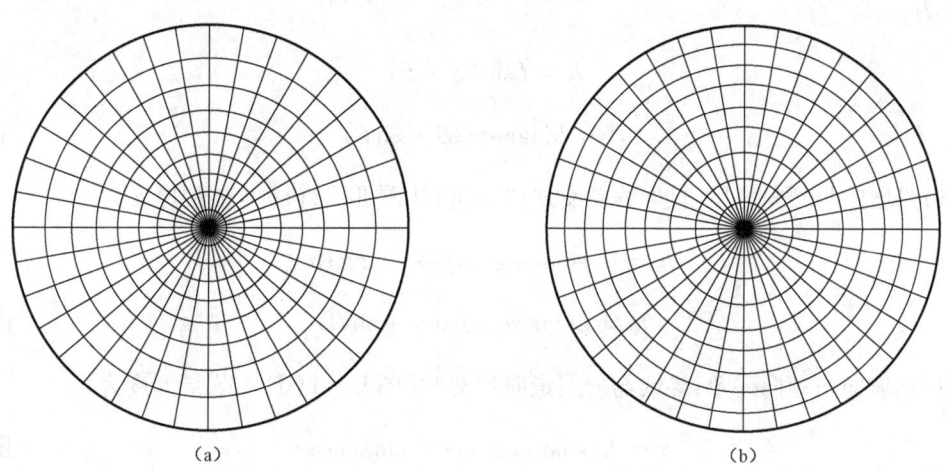

图 I-10 投影网的类型
(a)极等角度网(同心圆及放射线角距为10°);(b)极等面积网(赖特网)
(同心圆及放射线角距为10°)

附录Ⅱ 岩层厚度的计算公式

露头区岩层的厚度是通过测量地层剖面得到的,相关参数包括:
(1)导线方向或导线方向与岩层走向的锐夹角(γ);
(2)导线距(L),即导线长度;
(3)导线方向的地面坡度角(β),即导线与过导线的铅垂面与坡面交线的夹角;
(4)岩层倾向和倾角(α)。
岩层厚度的表达式可写为

$$h = L(\sin\alpha\cos\beta\sin\gamma \pm \sin\beta\cos\alpha) \quad (\text{Ⅱ}-1)$$

式中,h 为岩层真厚度,即岩层顶底面的垂直距离。

当岩层倾向与导线地面坡向相反时,式(Ⅱ-1)用"+";倾向与坡向相同时,用"-",且一定"大减小",即取绝对值。

将式(Ⅱ-1)分四种野外常见情况简化:
(1)当地面倾斜,坡向与倾向相反时[图Ⅱ-1(a)],岩层厚度为

$$h = L\sin(\alpha + \beta) \quad (\text{Ⅱ}-2)$$

$$H = L(\sin\beta + \tan\alpha\cos\beta) \quad (\text{Ⅱ}-3)$$

式中,H 为岩层的铅直厚度。

(2)当地面坡向与倾向一致,且岩层倾角大于导线方向的地面坡角时[图Ⅱ-1(b)],岩层厚度为

$$h = L\sin(\alpha - \beta) \quad (\text{Ⅱ}-4)$$

$$H = L(\tan\alpha\cos\beta - \sin\beta) \quad (\text{Ⅱ}-5)$$

(3)当坡向与倾向相反,且导线斜交岩层走向时[图Ⅱ-1(c)],岩层厚度为

$$h = L(\sin\alpha\cos\beta\sin\gamma + \sin\beta\cos\alpha) \quad (\text{Ⅱ}-6)$$

$$H = L(\tan\alpha\cos\beta\sin\gamma + \sin\beta) \quad (\text{Ⅱ}-7)$$

(4)当坡向与倾向一致,导线与岩层走向斜交时[图Ⅱ-1(d)],岩层厚度为

$$h = L(\sin\alpha\cos\beta\sin\gamma - \sin\beta\cos\alpha) \quad (\text{Ⅱ}-8)$$

$$H = L(\tan\alpha\cos\beta\sin\gamma - \sin\beta) \quad (\text{Ⅱ}-9)$$

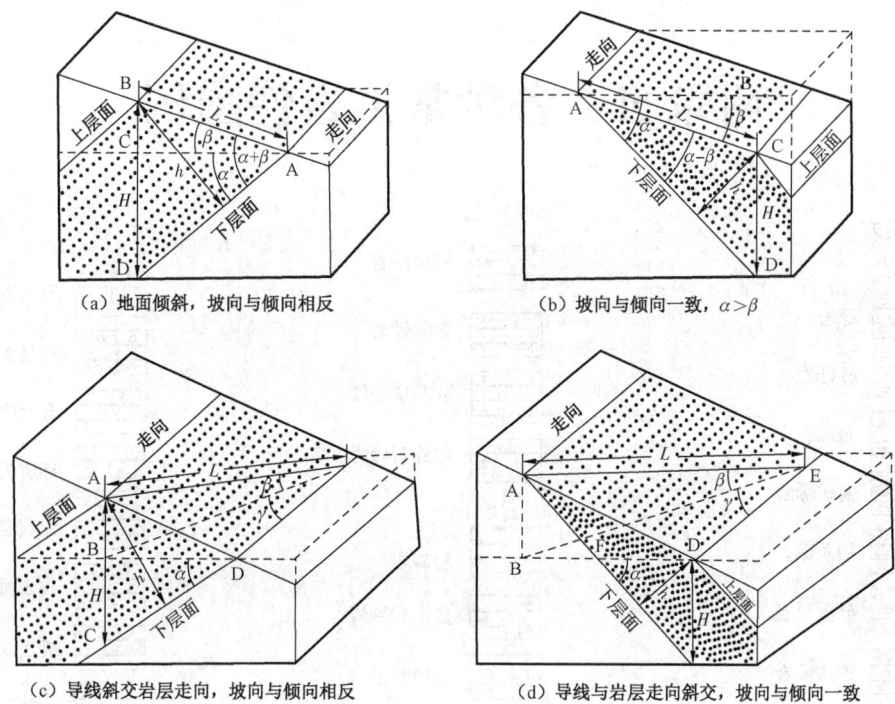

图Ⅱ-1 倾斜岩层的厚度测算图解

附录Ⅲ 各种常见岩性图例

一、沉积岩

(一) 砾岩

- 砾岩
- 砂砾岩
- 角砾岩
- 复矿砾岩
- 钙质砾岩
- 砂质砾岩
- 铁质砾岩
- 硅质砾岩

(二) 砂岩

- 粗砂岩
- 中砂岩
- 细砂岩
- 含砾砂岩
- 含砾复矿砂岩
- 石英砂岩
- 复矿砂岩
- 硬砂岩
- 长石砂岩
- 长石石英砂岩
- 钙质砂岩
- 泥质砂岩
- 铁质砂岩
- 含磷砂岩
- 凝灰质砂岩
- 海绿石砂岩

(三) 粉砂岩

- 粉砂岩
- 复矿粉砂岩
- 钙质粉砂岩
- 泥质粉砂岩
- 铁质粉砂岩
- 凝灰质粉砂岩

(四) 页岩

- 泥质页岩（页岩）
- 钙质页岩
- 砂质页岩
- 粉砂质页岩
- 硅质页岩
- 碳质页岩
- 铝土页岩
- 凝灰质页岩
- 泥页岩（或黏土岩）
- 含钾页岩

(五) 石灰岩

- 石灰岩
- 结晶灰岩
- 含泥灰岩
- 硅质灰岩
- 泥灰岩
- 白云质灰岩
- 砂质灰岩
- 生物灰岩
- 含燧石结核灰岩
- 鲕状灰岩
- 竹叶状灰岩
- 碎屑状灰岩
- 角砾灰岩
- 白云岩
- 泥质白云岩
- 砂质泥灰岩

(六) 其他岩石

- 铝土岩
- 硅质岩
- 磷块岩
- 煤层及夹层
- 断层角砾岩

铁矿层		碱性花岗岩（钾长花岗岩）		矿体（脉）	

二、火成岩

（一）侵入岩

- 橄榄岩
- 纯橄榄岩
- 辉石岩
- 角闪石岩
- 蛇纹岩
- 辉长岩
- 辉长斑岩（玢岩）
- 斜长岩
- 辉绿岩（玢岩）
- 闪长岩
- 辉石闪长岩
- 角闪闪长岩
- 石英闪长岩
- 闪长斑岩（玢岩）
- 花岗闪长岩
- 斜长花岗岩
- 角闪花岗岩
- 二云母花岗岩
- 白云母花岗岩
- 黑云母花岗岩

断层泥

- 花岗斑岩
- 白岗岩
- 石英斑岩
- 石英二长岩
- 二长岩
- 二长斑岩
- 石英正长岩
- 正长岩
- 正长斑岩
- 霞石正长岩
- 霞石正长斑岩
- 霓霞岩

（二）岩矿、岩脉

- 超基性岩（未分）
- 基性岩（未分）
- 中性岩脉
- 细晶岩脉
- 伟晶岩脉
- 碱性岩脉
- 玢岩
- 煌斑岩脉
- 辉绿岩

三、喷出岩

（一）火山碎屑岩

- 超基性喷出岩（以凝灰质为主）
- 基性喷出岩（以凝灰质为主）
- 中性喷出岩（以凝灰质为主）
- 酸性喷出岩（以凝灰质为主）
- 碱性喷出岩（以凝灰质为主）
- 角斑岩
- 细碧岩
- 细碧角斑岩

（二）熔岩

- 玄武岩
- 杏仁状玄武岩
- 安山玄武岩
- 安山岩
- 安山斑岩
- 安山玢岩
- 英安岩
- 流纹岩
- 流纹斑岩
- 粗面斑岩
- 粗面岩

石英斑岩

四、变质岩

（一）区域变质岩

 板岩（未分）

 千枚岩（未分）

 片岩（未分）

 矽（硅）质板岩

 钙质板岩

 砂质板岩

 碳质板岩

 千枚状板岩

 石墨片板岩

 帘石片岩

 斜长绿泥片岩

 蛇纹石片岩

 绿泥片岩

 滑石片岩

 变质砂岩

 石英岩

 长石石英岩

 角闪岩（未分）

 辉石岩

 片麻岩

 正片麻岩

 副片麻岩

 花岗片麻岩

 大理岩

 矽（硅）化灰岩

 白云大理岩

 石英片岩

 绢云母石英片岩

（二）混合岩

 条带状混合岩

 角砾状混合岩

 网状混合岩

 眼球状混合岩

 分支混合岩

 肠状混合岩

（三）岩石构造

 板状、千枚状构造

 片状构造

 片麻状构造

 混合岩构造

五、主要岩浆岩组分代号及颜色

 花岗岩（红）

 闪长岩（橙红）

 正长岩（橙）

ν	辉长岩（绿）
ψ_1	辉岩（蓝绿）
σ	橄榄岩（深橄榄色）
λ	流纹岩（朱红）
τ	粗面岩（橙红）
α	安山岩（灰绿）
β	玄武岩（深绿）
$\mu\beta$	辉绿岩细碧岩（浅绿）
$\gamma\pi$	花岗斑岩（大红）

六、岩脉、矿脉符号

 石英脉（紫）

/γ 酸性岩脉（暗红）

/τ 细晶岩脉（淡红）

/ρ 伟晶岩脉（玫瑰红）

/δ 中性岩脉（蓝色）

/N 基性岩脉（绿）

/χ 煌斑岩脉（棕）

/μ 玢岩脉（灰绿）

/ν 辉长岩脉（绿）

/Σ 超基性岩脉（紫）

/K 碱性岩脉（橙）

/Au 矿脉（代号用元素符号；颜色用矿种色）

附录Ⅳ 各种地质符号

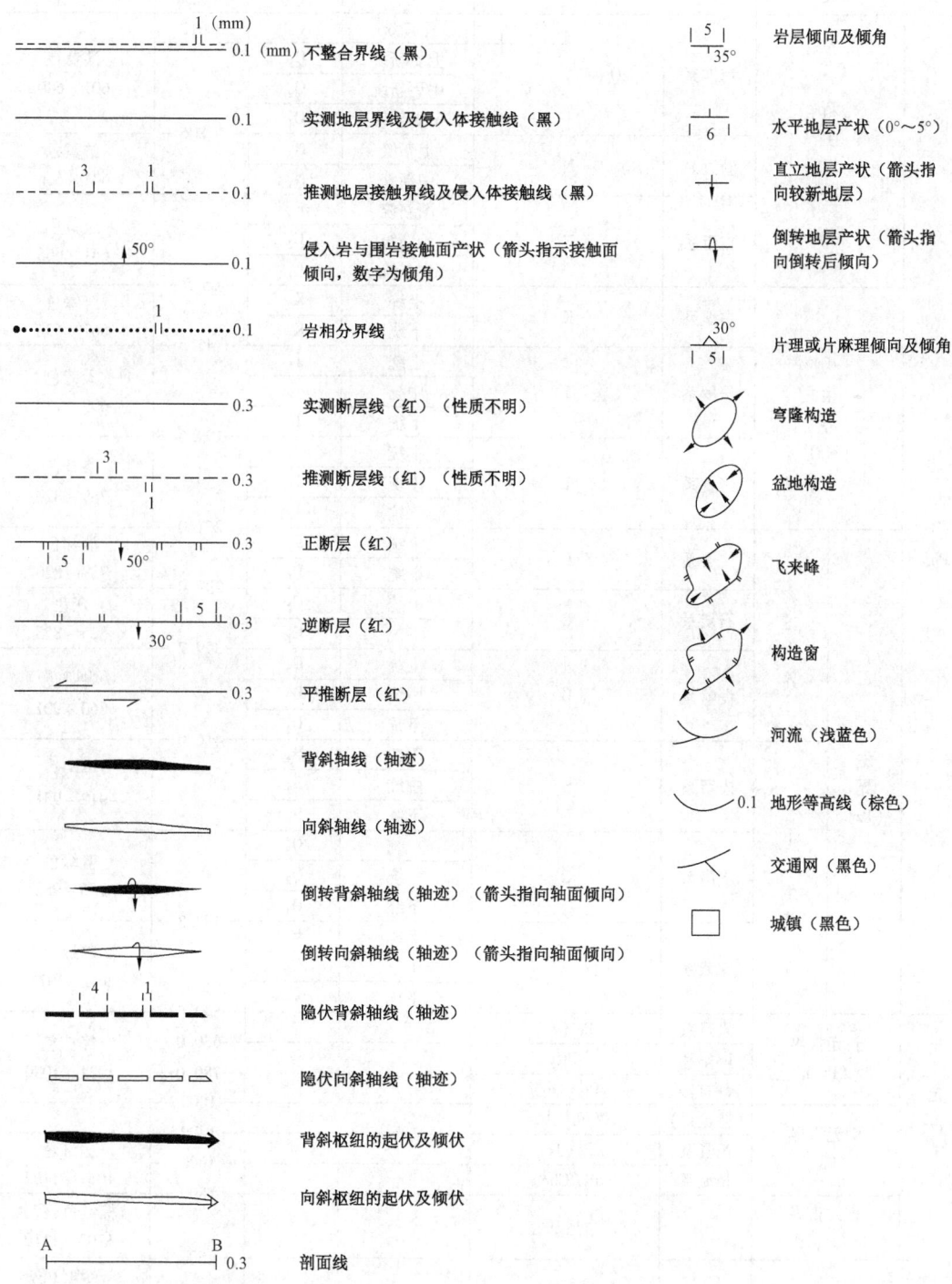

附录V 地层代号和色谱

宇	界	系		统	代号	年龄,Ma	色谱
元古宇 (Ph)	新生界 (Kz)	第四系	Q	Q_4/Q_p 全新统	Q_4	0.012	淡黄色 601~640
				Q_h 上更新统	Q_3		
				中更新统	Q_2		
				下更新统	Q_1	1.806	
		新近系	N	上新统	N_2		鲜黄色 641~666
				中新统	N_1	23.03	
		古近系	E	渐新统	E_3		土黄色 641~666
				始新统	E_2		
				古新统	E_1	65.5	
	中生界 (Mz)	白垩系	K	上统	K_2		鲜绿色 667~694
				下统	K_1	145.5	
		侏罗系	J	上统	J_3		天蓝色 699~738
				中统	J_2		
				下统	J_1	199.6	
		三叠系	T	上统	T_3		绛紫色 789~820
				中统	T_2		
				下统	J_1	251.0	
	古生界 (Pz) 上古生界	二叠系	P	上统	P_2		淡棕色 789~820
				下统	P_1	299.0	
		石炭系	C	上统	C_2		灰色 825~855
				下统	C_1	359.2	
		泥盆系	D	上统	D_3		咖啡色 860~907
				中统	D_2		
				下统	D_1	416.0	
	下古生界	志留系	S	上统	S_3		果绿色 912~951
				中统	S_2		
				下统	S_1	443.7	
		奥陶系	O	上统	O_3		蓝绿色 956~988
				中统	O_2		
				下统	O_1	488.3	
		寒武系	∈	上统	$∈_3$		暗绿色 993~1026
				中统	$∈_2$		
				下统	$∈_1$	542.0	
元古宇 (Pt)	新元古界 (Pt₃)	震旦系	$Pt_3^3(Z)$			630.0	绛棕色 1031~1080
		南华系	Pt_3^2			780.0	
		青白口系	$Pt_3^1(Qb)$			1000	
	中元古界 (Pt₂)	(待建系)	Pt_2^{3-4}			1400	棕红色 1081~1102
		蓟县系	$Pt_2^2(Jx)$			1600	
		长城系	$Pt_2^1(Chc)$			1800	
	古元古界 (Pt₁)		结晶基底			2500	棕红色(深) 1103~1110
太古宇(Ar)							玫瑰红色 1116~1130

附录Ⅵ 真、视倾角换算图

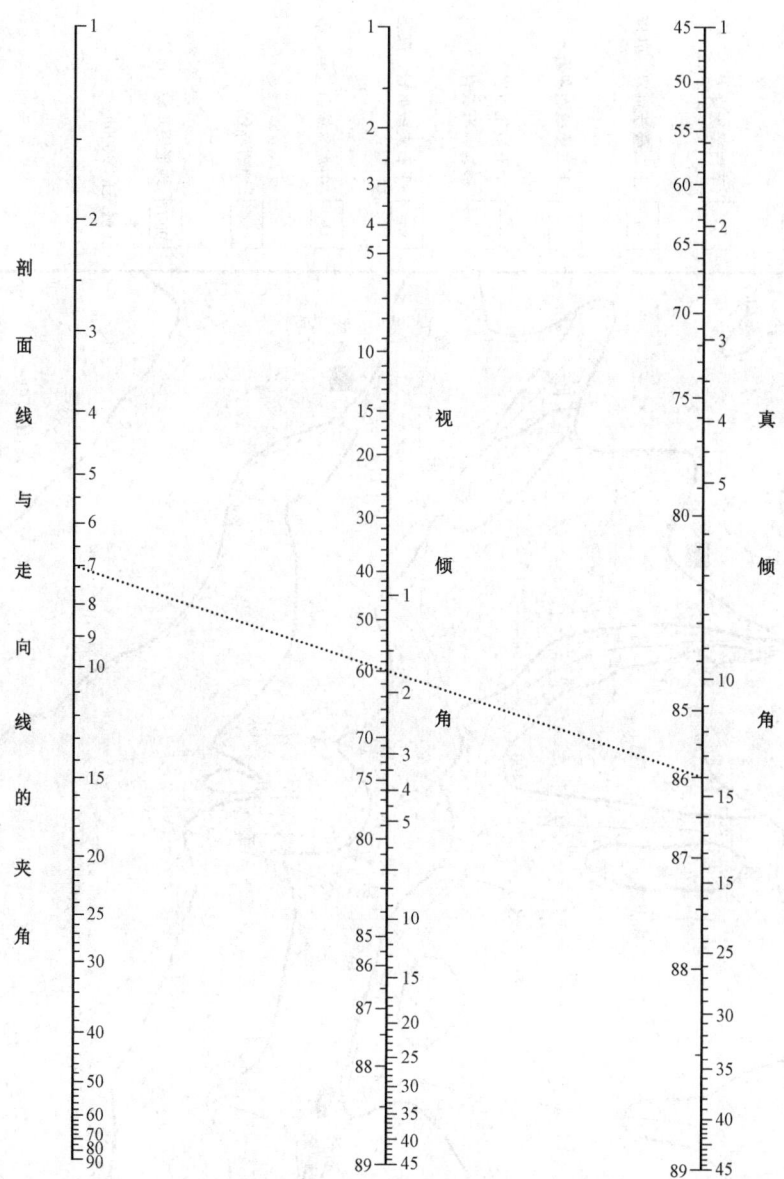

用法说明:根据剖面实测资料,在左尺和右尺上找到已测数值,用直尺相连直线过中尺处即为相应视倾角值。
如图中一例:已知真倾角为86°,剖面与岩层走向夹角为7°,则该剖面方向的视倾角为60°。

附 图

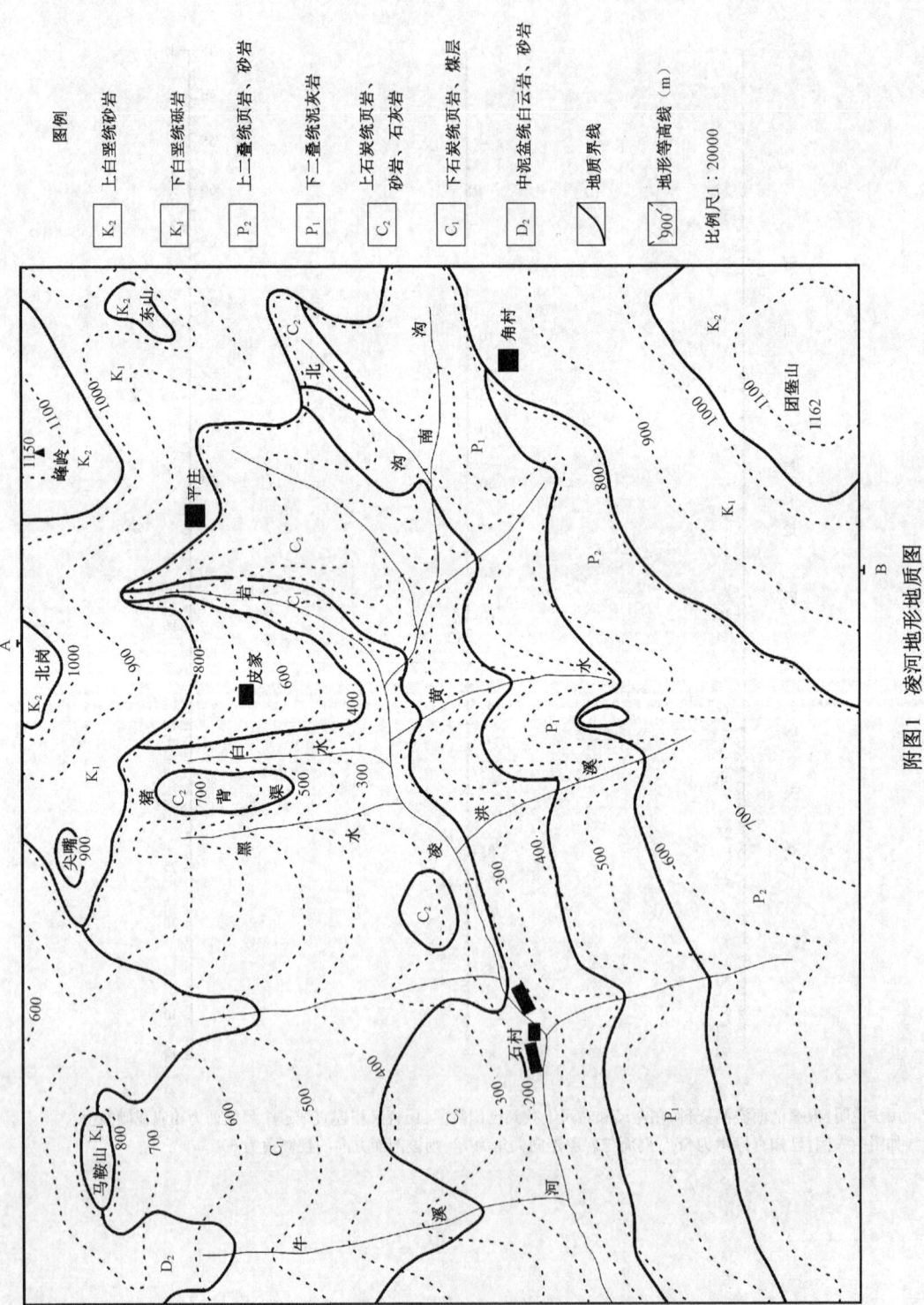

附图1 凌河地形地质图

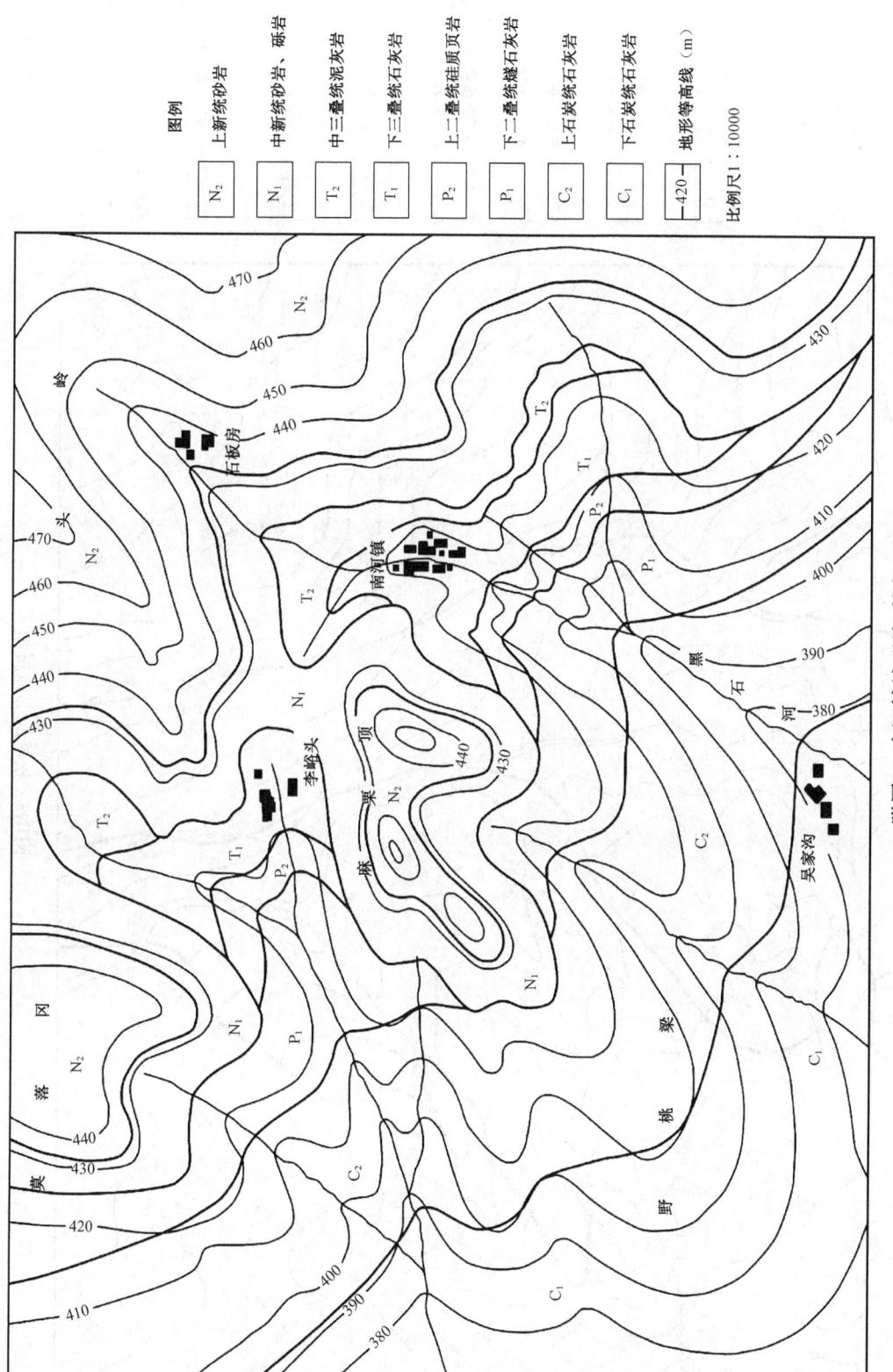

附图2 南河镇地形地质图

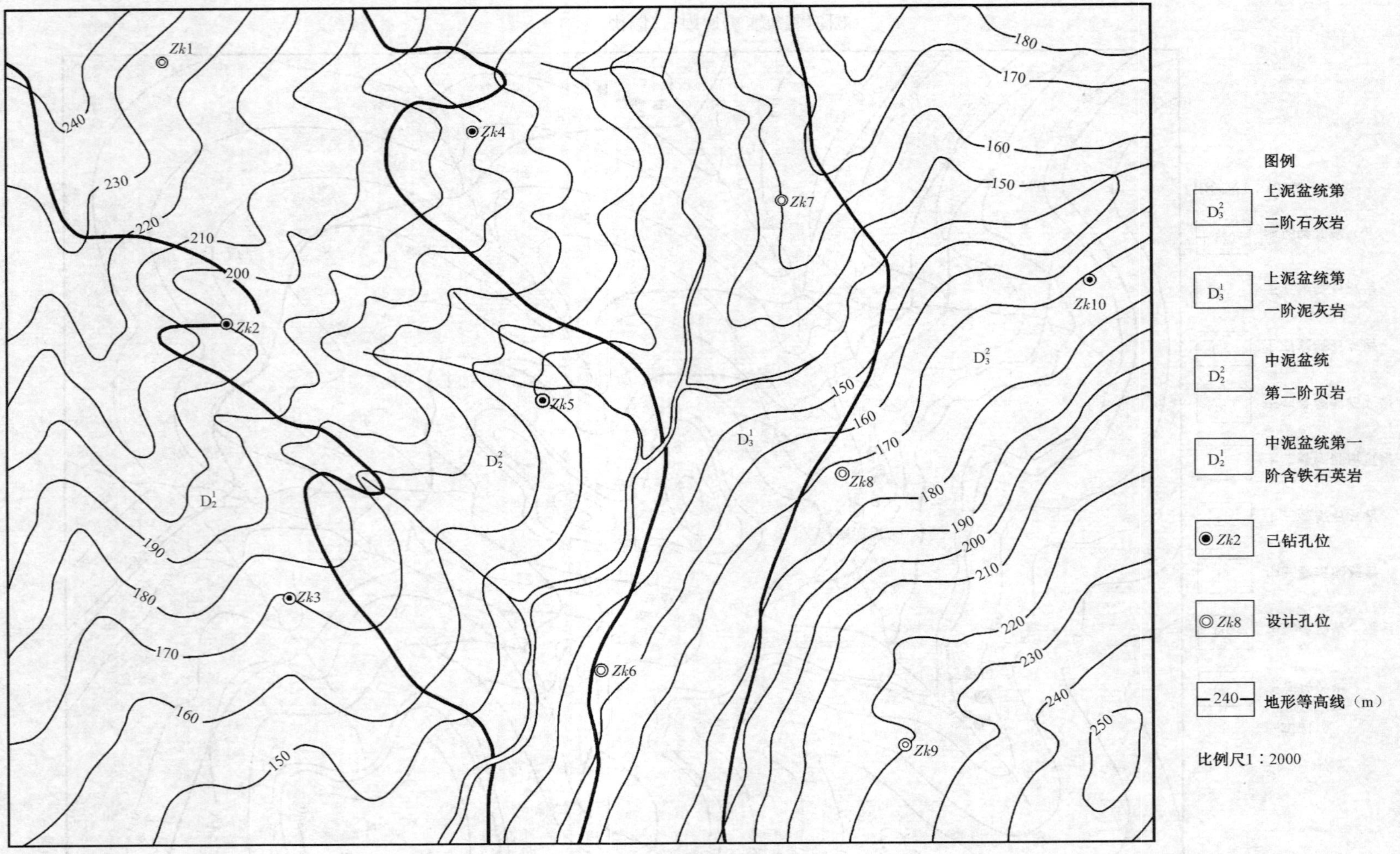

图例

D_3^2	上泥盆统第二阶石灰岩
D_3^1	上泥盆统第一阶泥灰岩
D_2^2	中泥盆统第二阶页岩
D_2^1	中泥盆统第一阶含铁石英岩
● Zk2	已钻孔位
◎ Zk8	设计孔位
—240—	地形等高线(m)

比例尺 1:2000

附图3 松溪地形地质图

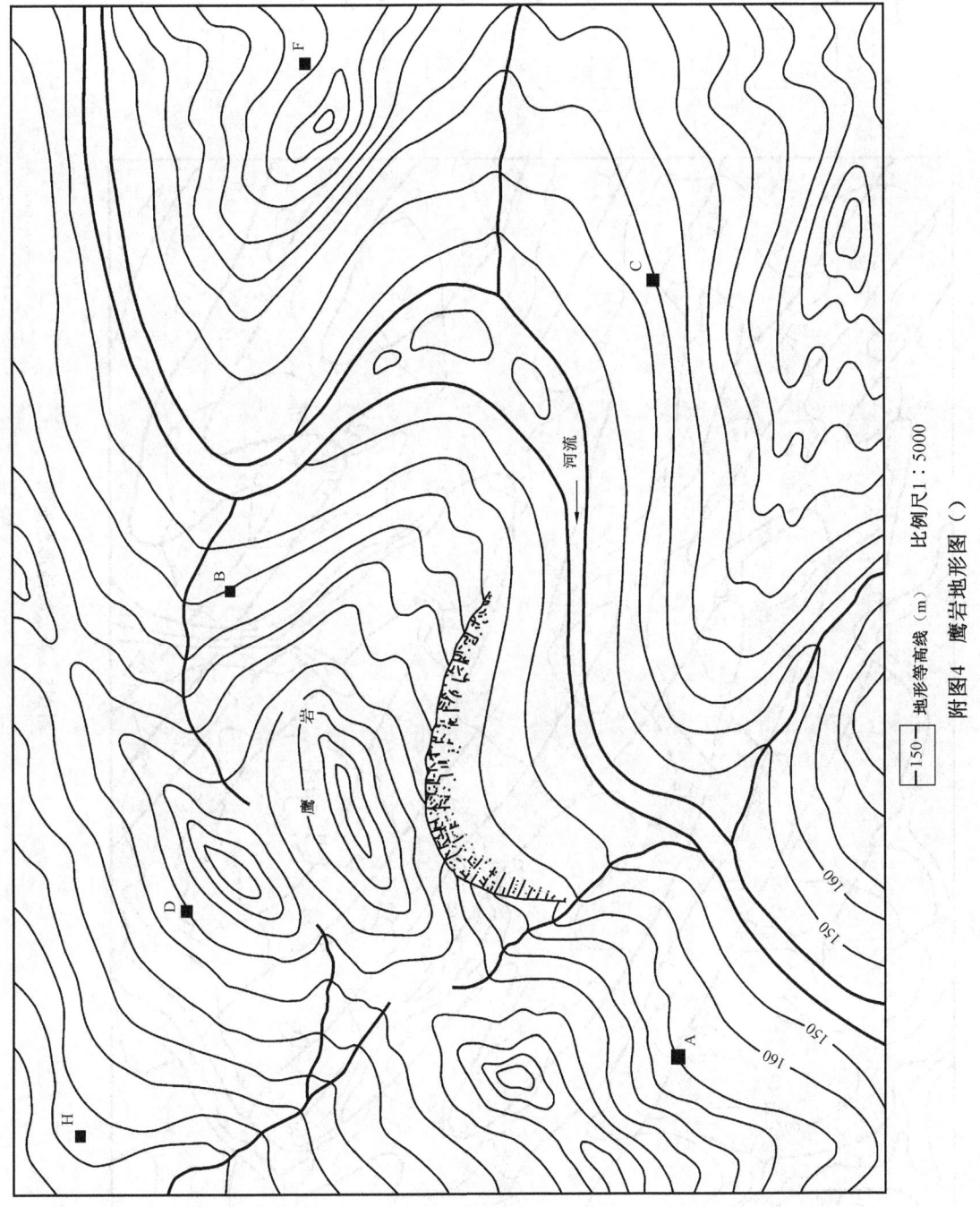

附图4 喀斯特地形图（ ）

附图5 暮云岭地形地质图

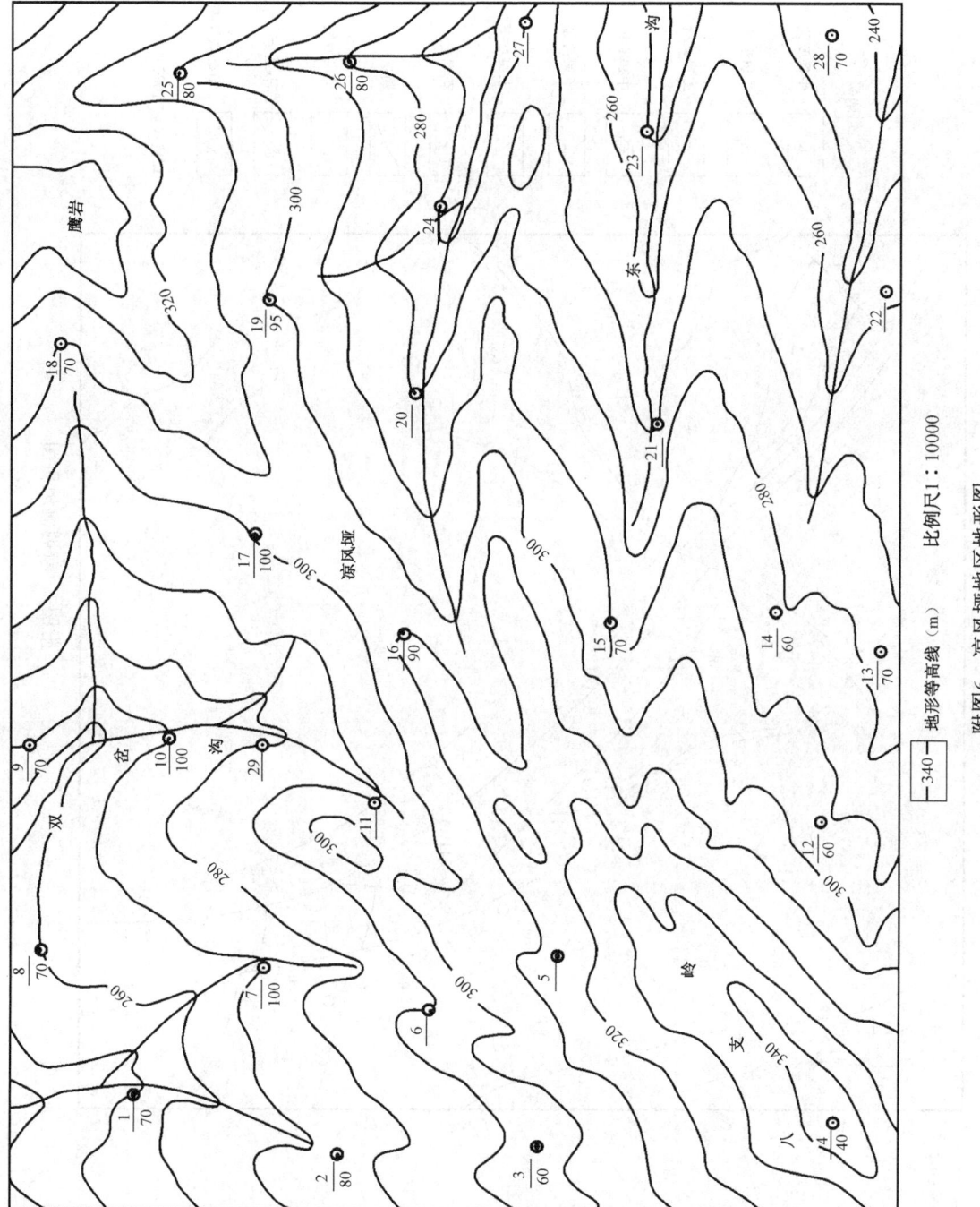

附图6 凉风垭地区地形图

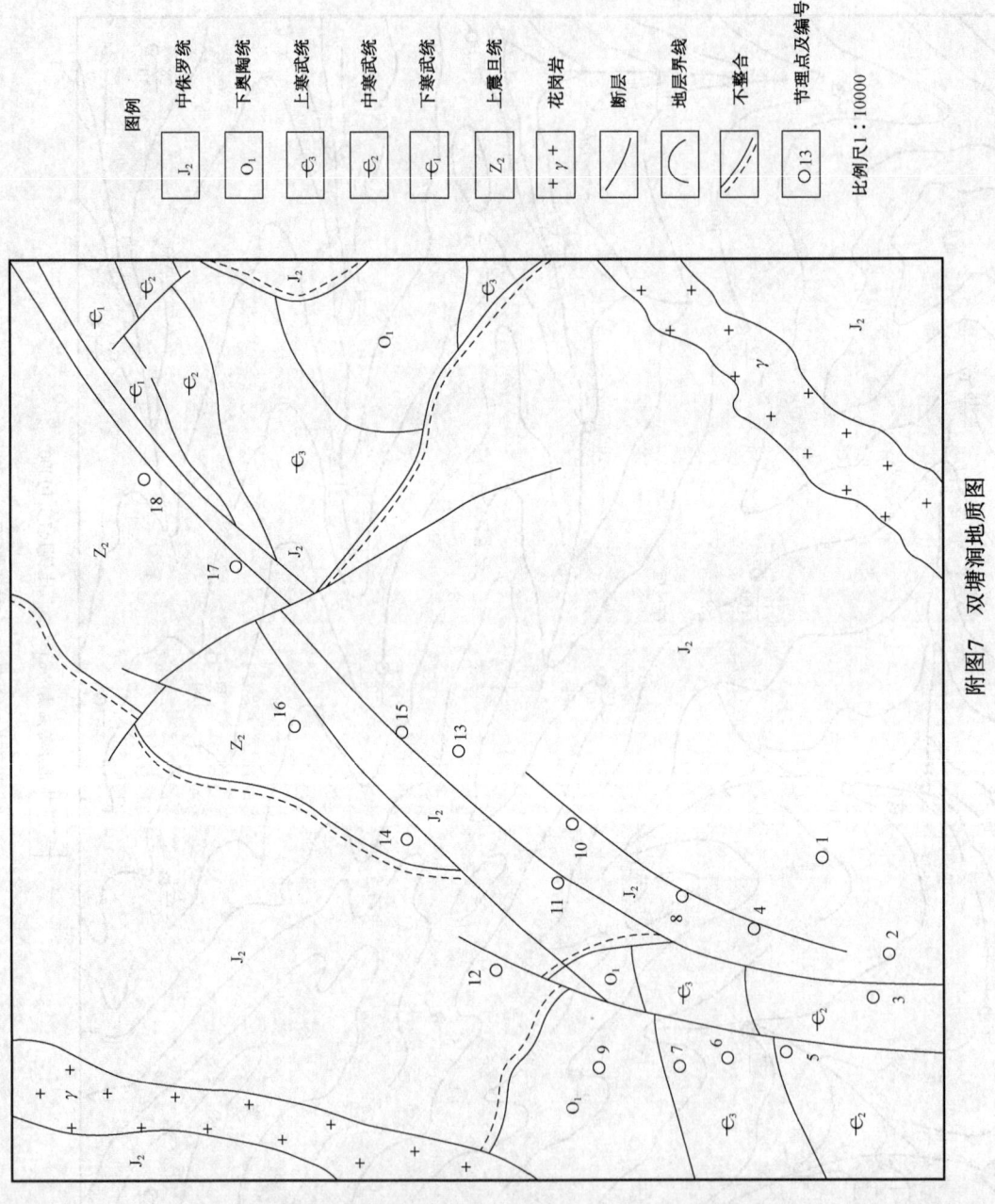

附图7 双塘涧地质图

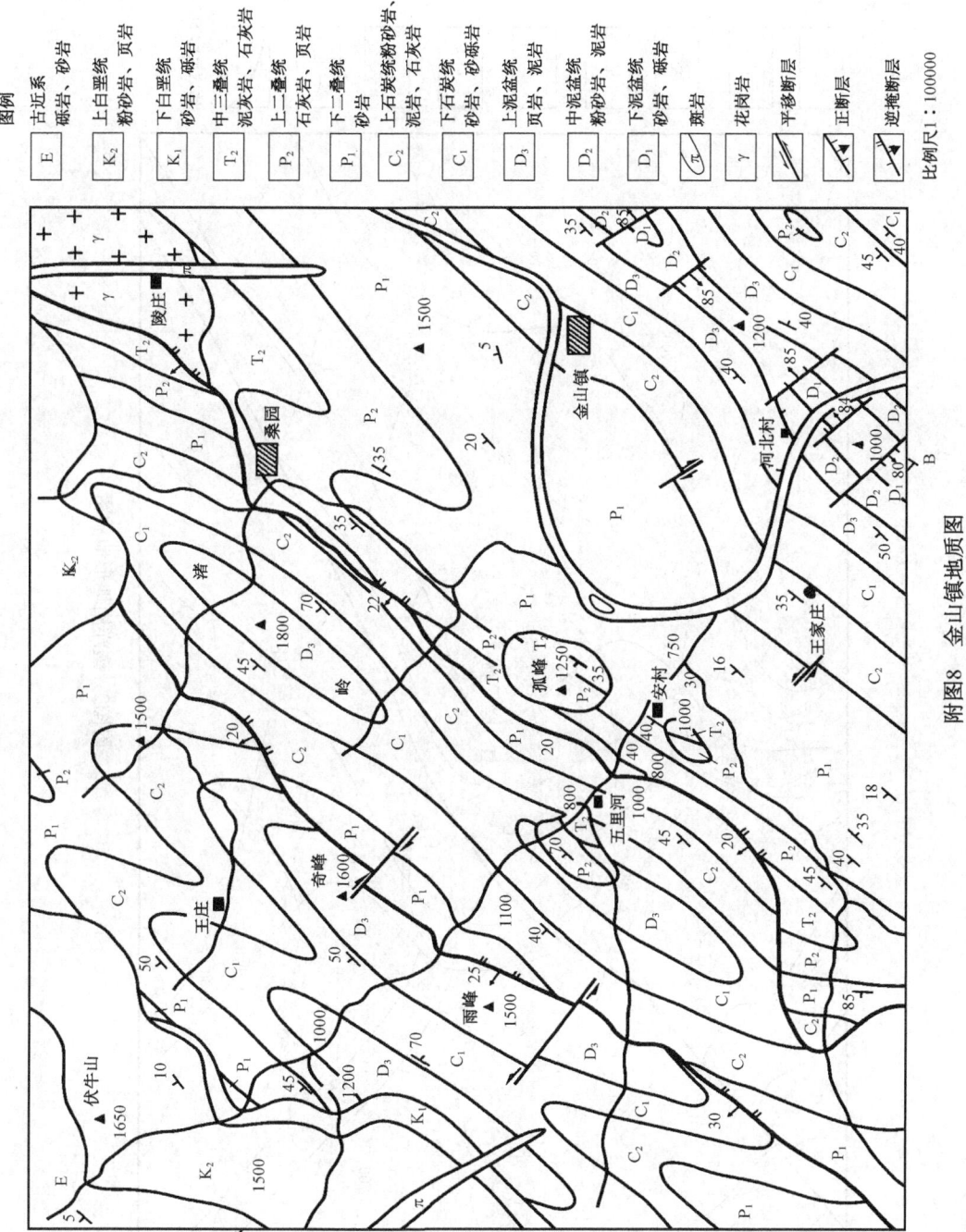

附图8 金山镇地质图

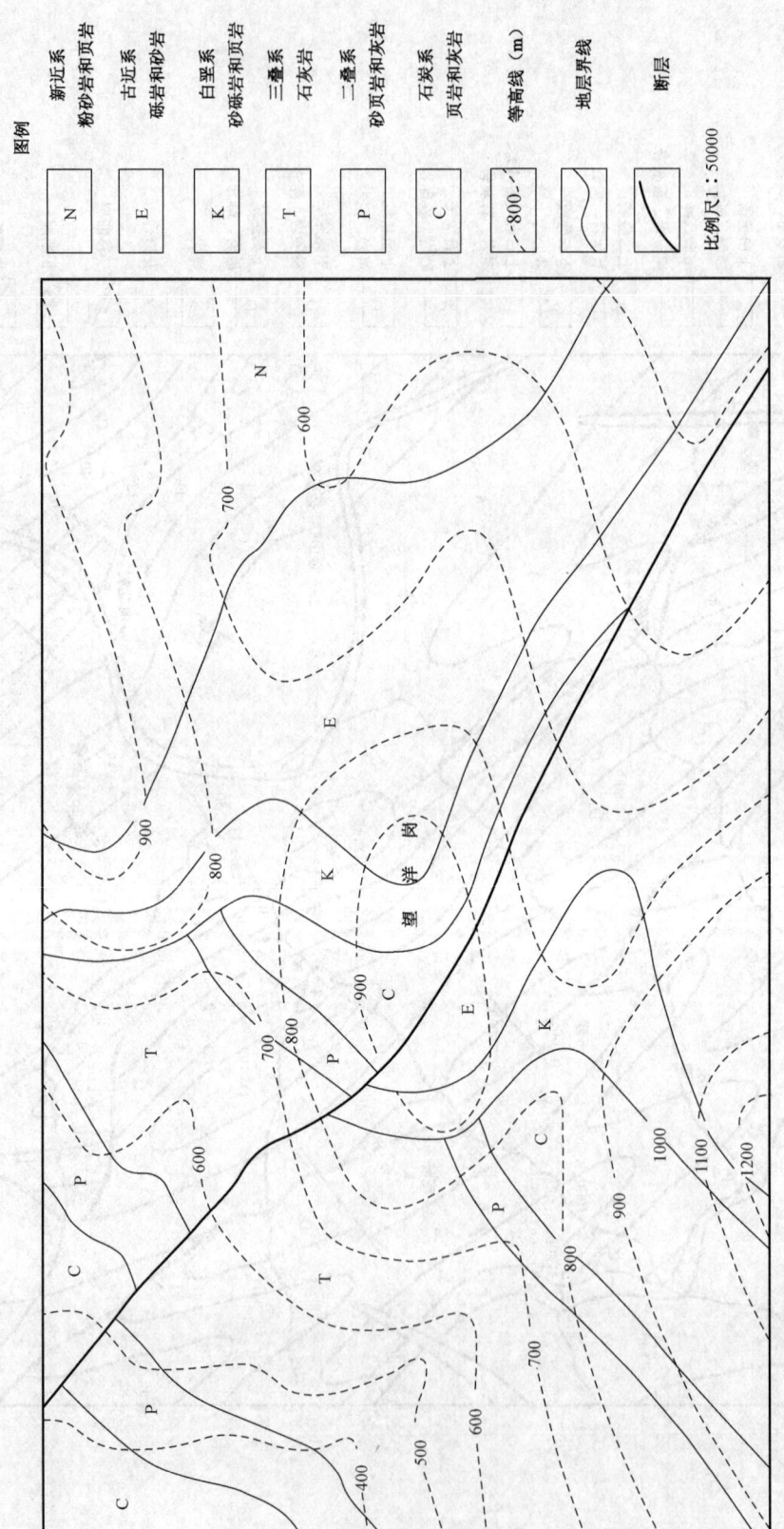

附图9 望洋岗地形地质图

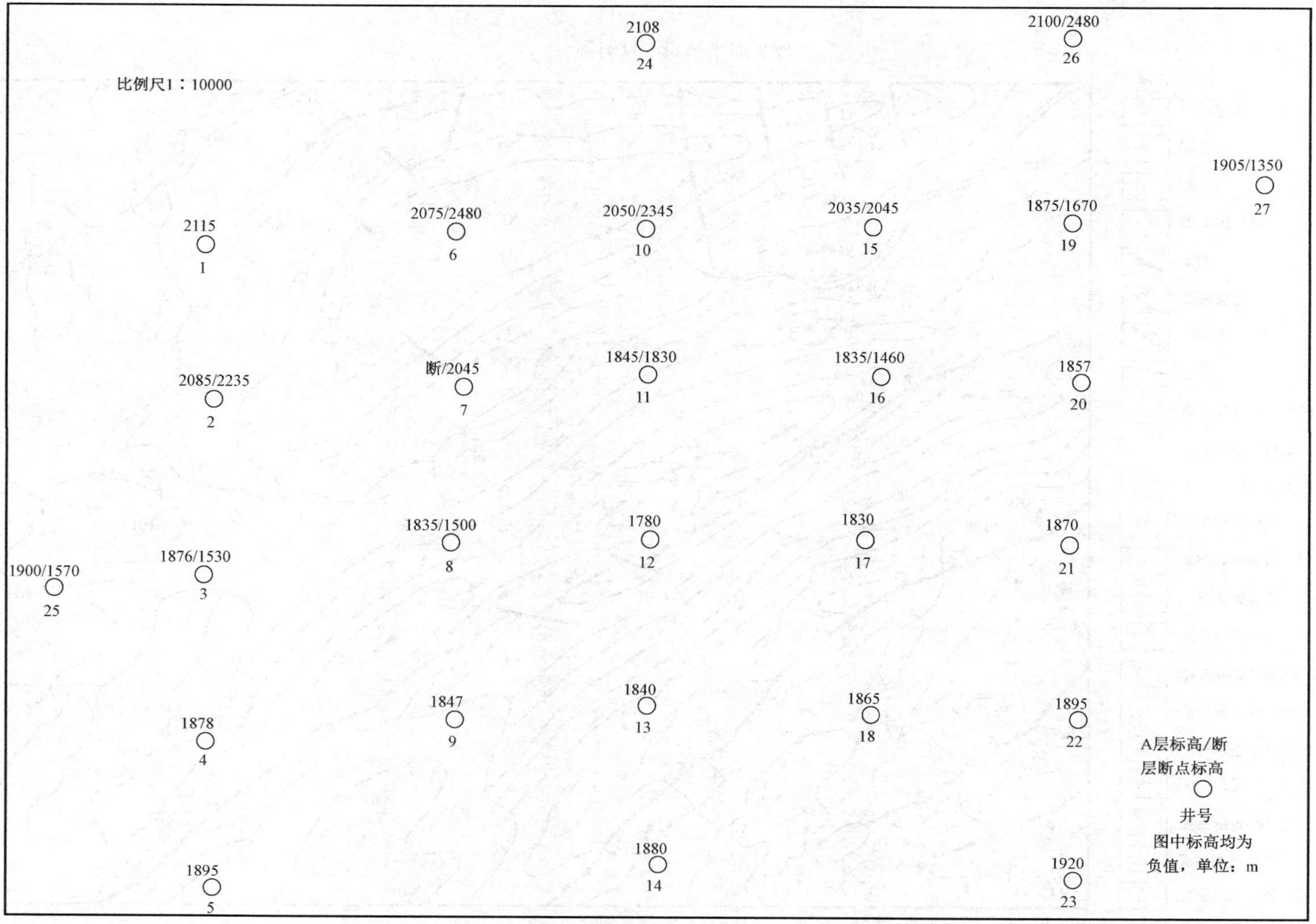

附图10 ×油田井位图

比例尺 1:10000

井号	A层标高/断层断点标高
1	2115
2	2085/2235
3	1876/1530
4	1878
5	1895
6	2075/2480
7	断/2045
8	1835/1500
9	1847
10	2050/2345
11	1845/1830
12	1780
13	1840
14	1880
15	2035/2045
16	1835/1460
17	1830
18	1865
19	1875/1670
20	1857
21	1870
22	1895
23	1920
24	2108
25	1900/1570
26	2100/2480
27	1905/1350

图中标高均为负值，单位: m

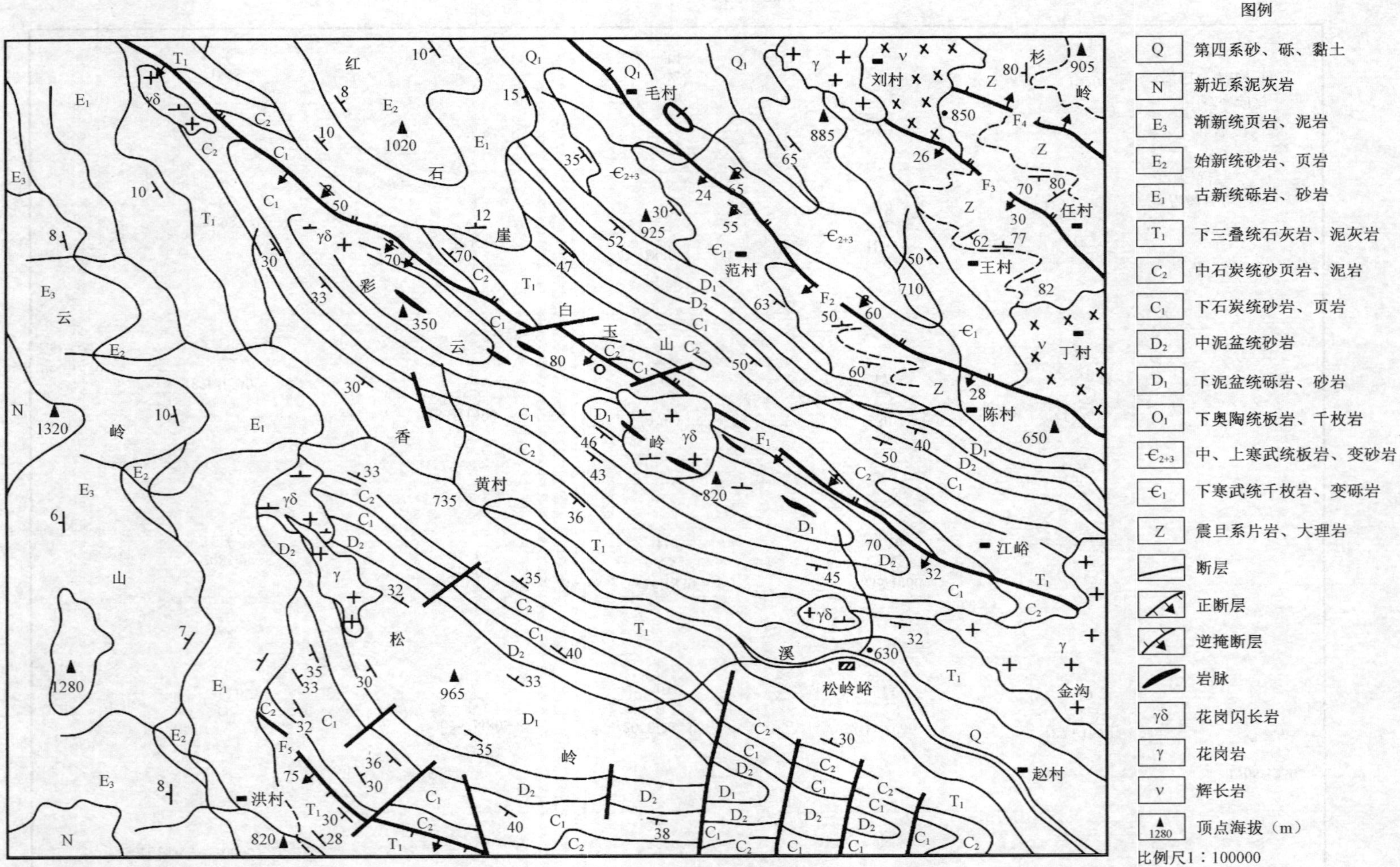
图例
Q 第四系砂、砾、黏土
N 新近系泥灰岩
E_3 渐新统页岩、泥岩
E_2 始新统砂岩、页岩
E_1 古新统砾岩、砂岩
T_1 下三叠统石灰岩、泥灰岩
C_2 中石炭统砂页岩、泥岩
C_1 下石炭统砂岩、页岩
D_2 中泥盆统砂岩
D_1 下泥盆统砾岩、砂岩
O_1 下奥陶统板岩、千枚岩
ϵ_{2+3} 中、上寒武统板岩、变砂岩
ϵ_1 下寒武统千枚岩、变砾岩
Z 震旦系片岩、大理岩
断层
正断层
逆掩断层
岩脉
γδ 花岗闪长岩
γ 花岗岩
ν 辉长岩
1280 顶点海拔（m）
比例尺1：100000
红
石
崖
白
玉
山
彩
云
香
黄村
松
岭
溪
松岭峪
毛村
刘村
范村
王村
任村
丁村
陈村
江峪
金沟
赵村
洪村
杉
岭
云
岭
山
F_1
F_2
F_3
F_4
F_5
1020
925
885
850
905
710
650
350
820
735
965
630
1320
1280
820
附图11　松岭峪地质图

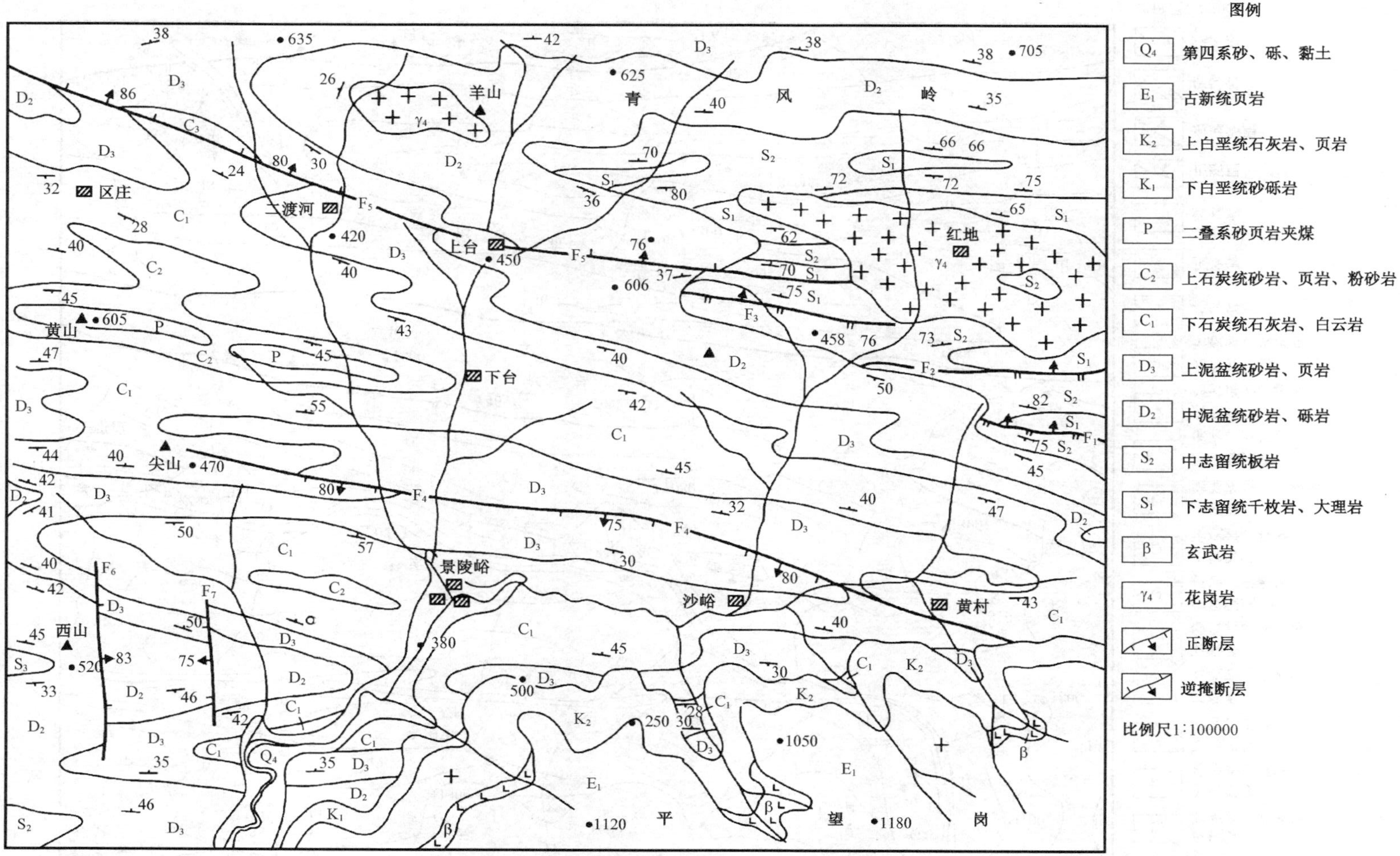
图例
Q_4 第四系砂、砾、黏土
E_1 古新统页岩
K_2 上白垩统石灰岩、页岩
K_1 下白垩统砂砾岩
P 二叠系砂页岩夹煤
C_2 上石炭统砂岩、页岩、粉砂岩
C_1 下石炭统石灰岩、白云岩
D_3 上泥盆统砂岩、页岩
D_2 中泥盆统砂岩、砾岩
S_2 中志留统板岩
S_1 下志留统千枚岩、大理岩
β 玄武岩
γ_4 花岗岩
正断层
逆掩断层
比例尺1∶100000
青
风
岭
羊山
区庄
二渡河
上台
红地
下台
黄山
尖山
景陵峪
沙峪
黄村
西山
平
望
岗

附图12　景陵峪地质图

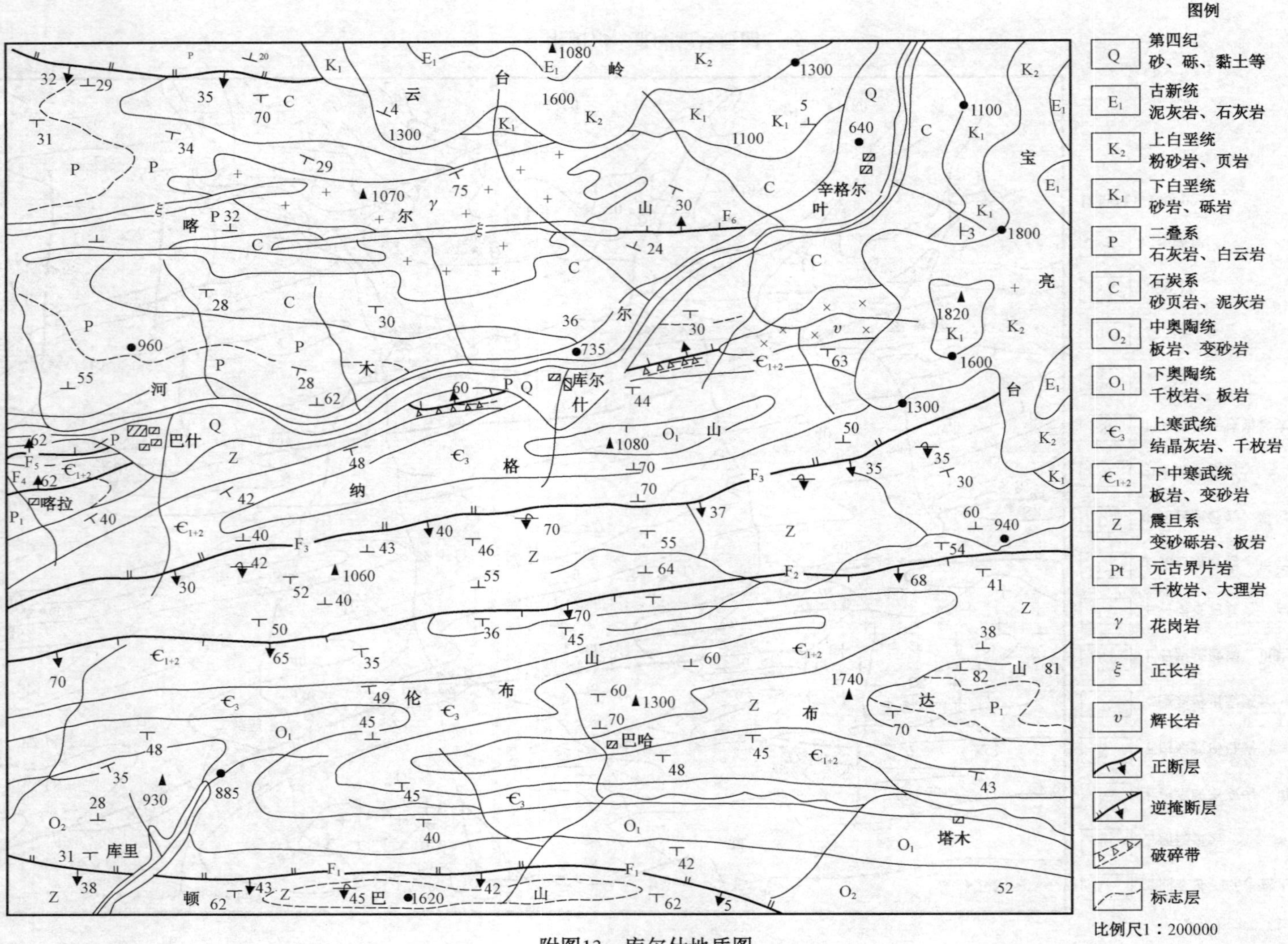

附图13 库尔什地质图

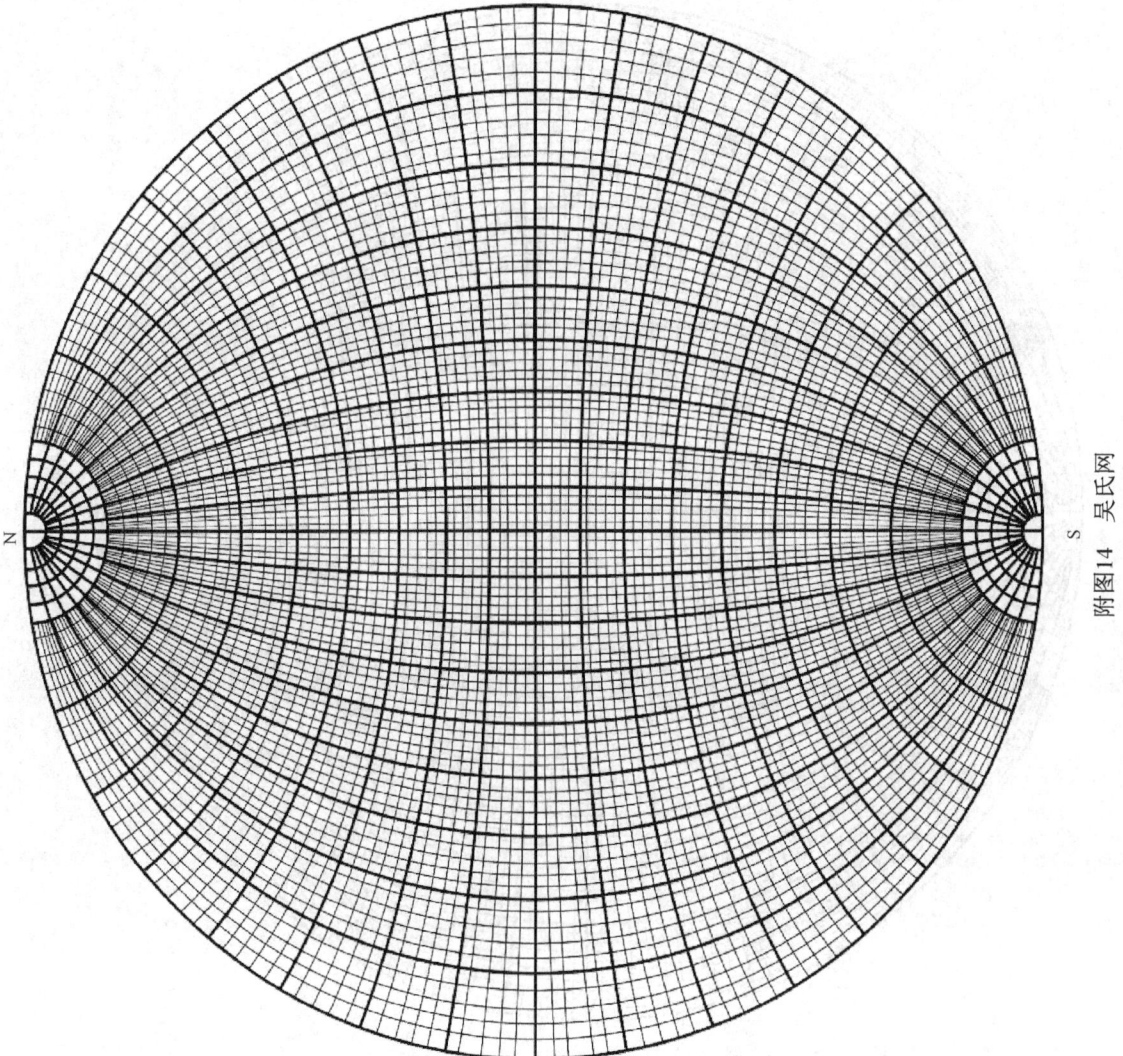

附图14 吴氏网

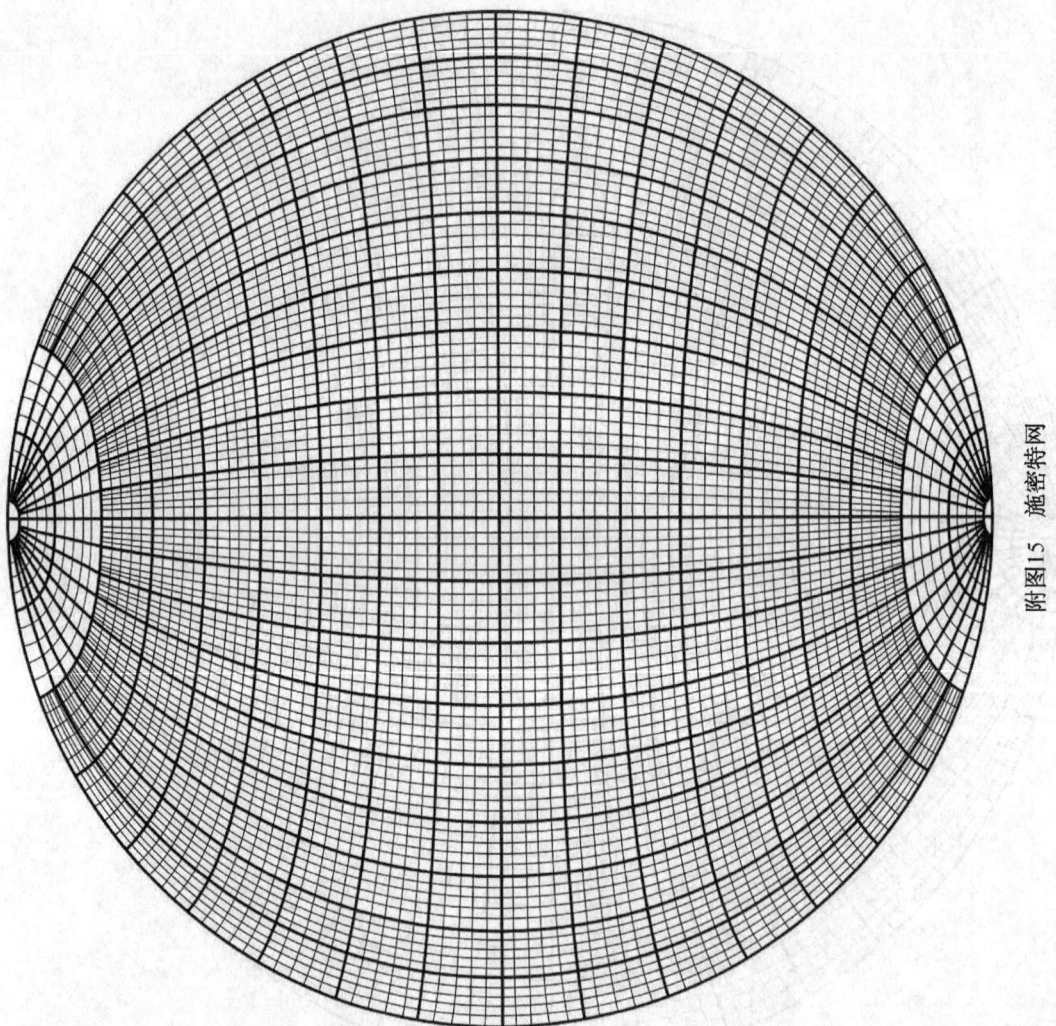

附图15 施密特网

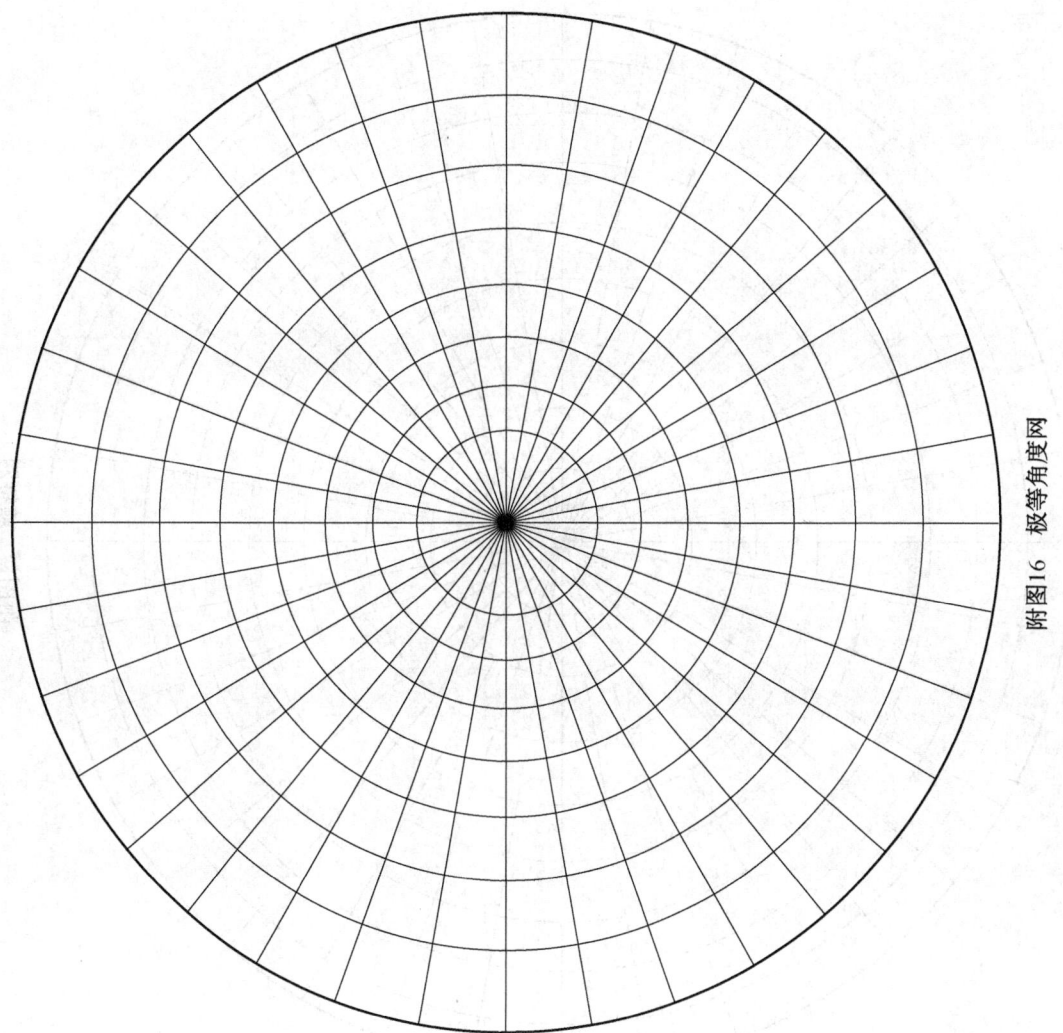

附图16 极等角度网

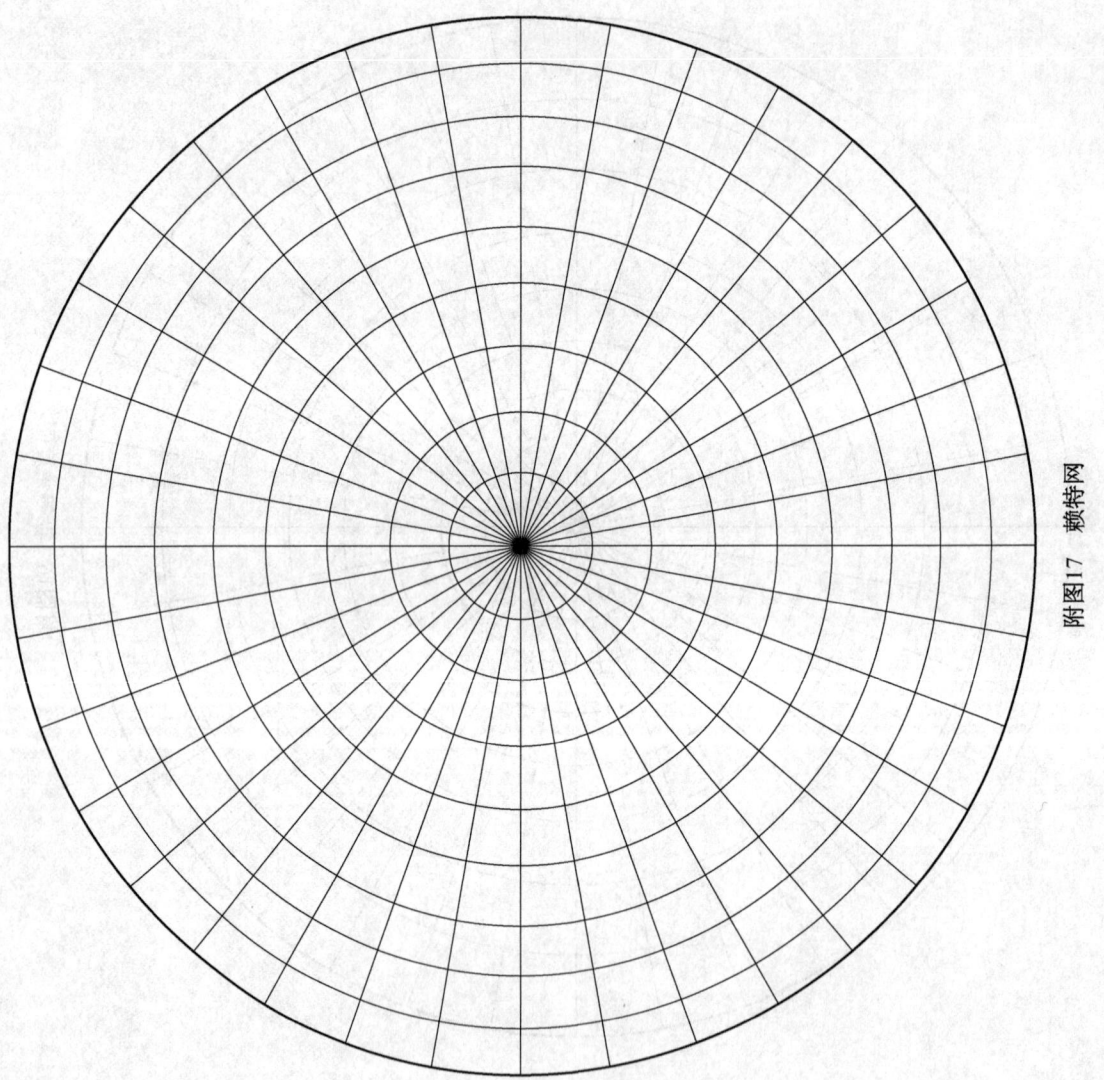

附图17 赖特网

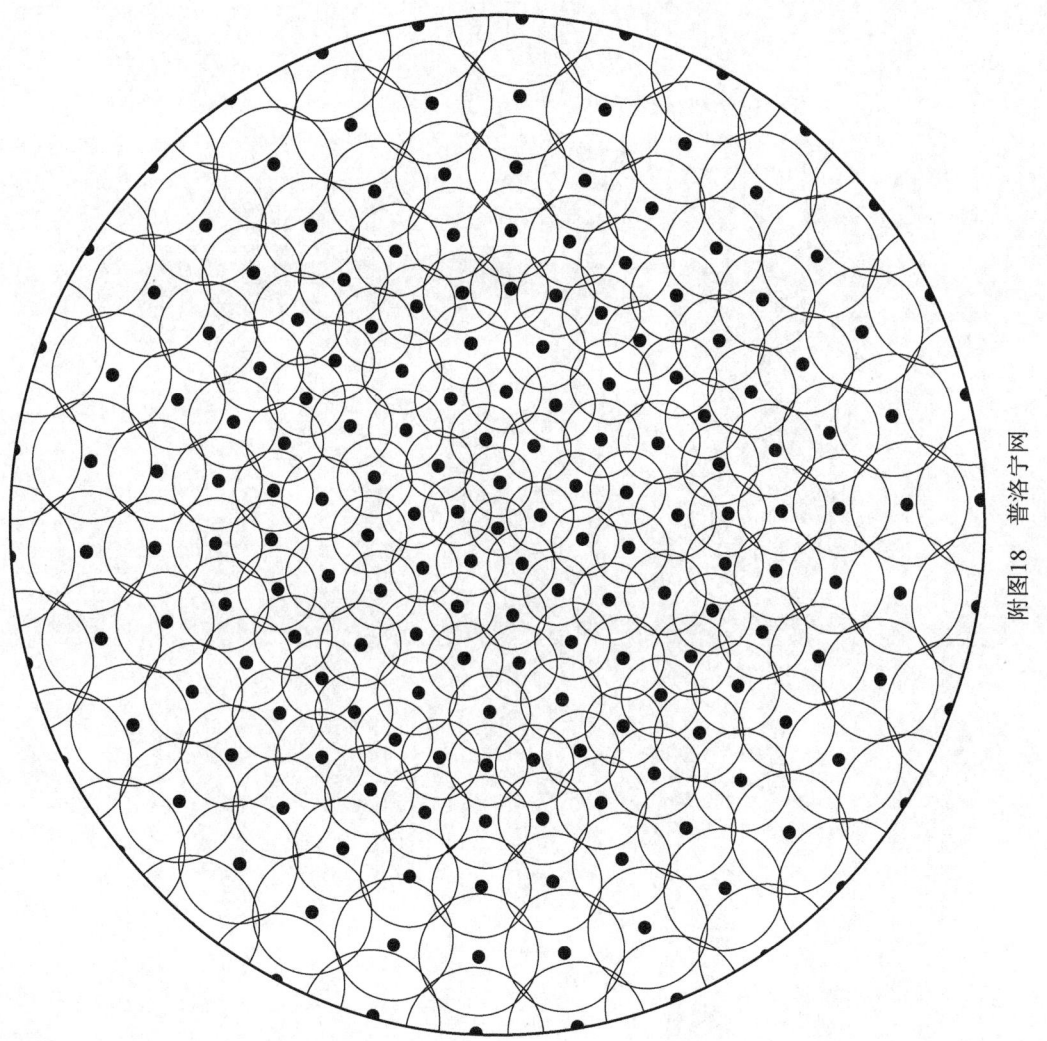

附图18 普洛宁网